PRISE EN MAIN

Internet

Jean-François Sehan

AF855206

FIRST
Interactive

LE NEWSMAGAZINE N°1 DES NOUVELLES TECHNOLOGIES
Micro hebdo

Prise en main Internet

60, rue Mazarine
75006 Paris – France
Tél. 01 45 49 60 00
Fax 01 45 49 60 01
E-mail : firstinfo@efirst.com
Web : www.efirst.com

ISBN : 978-2-7540-1115-0
Dépôt légal : 1er trimestre 2009
Imprimé en France

Mise en page : MADmac

Table des matières

8 Restez informé avec les flux, gadgets et podcasts 137

9 Communiquez par courriel 147

10 Participez aux groupes de discussion ... 171

Présentation

Bienvenue dans *Prise en main Internet*, un livre de poche de la nouvelle collection des Éditions First Interactive.

Cette collection a été réalisée tout spécialement pour vous en coopération avec le journal *Micro Hebdo*, le premier magazine des nouvelles technologies et de la micro-informatique. Chaque semaine, *Micro Hebdo* vous guide dans l'actualité du numérique et vous permet de faire les bons choix pour vos achats de matériels et de logiciels.

Pour faciliter votre apprentissage d'Internet, ce « Prise en main » se veut à la fois pédagogique et pratique. Il vous offre douze chapitres représentant les principaux points d'Internet à maîtriser rapidement. Pour chacun d'eux, vous disposez de rubriques pas à pas, et aussi de conseils et d'astuces claires et précises.

Les équipes des Éditions First Interactive et du journal *Micro Hebdo* vous souhaitent une bonne lecture ainsi qu'une découverte facile et rapide d'Internet !

Chapitre 1

Surfez sur Internet

Dans ce chapitre

- ✓ Visitez des sites web
- ✓ Conservez et réutilisez les adresses des sites visités
- ✓ Utilisez l'historique de votre navigation
- ✓ Utilisez les onglets
- ✓ Exploitez les pages web
- ✓ Exploitez les images des pages Web
- ✓ Supprimez les fenêtres publicitaires

Internet présente de multiples facettes. De la simple navigation dans les pages web à l'accès au multimédia, cet outil n'est pas près de cesser de vous étonner. Internet permet de visiter des milliards de pages proposées par les sites du monde entier. Les internautes appellent cela *surfer* : vous vous déplacez de page en page grâce aux liens proposés pour approfondir le sujet qui vous intéresse ou en découvrir de nouveaux. Et ce ne sont pas les sujets qui manquent.

Ce chapitre vous apprend à effectuer des recherches et à organiser vos liens vers les sites que vous consultez fréquemment. Il vous explique également comment exploiter et conserver durablement le contenu des pages visitées. N'oubliez pas qu'Internet est en perpétuelle évolution et certaines pages peuvent disparaître d'un jour à l'autre.

Visitez des sites web

Vous désirez connaître l'actualité du jour ? Vous recherchez un numéro de téléphone ou une adresse ? Vous n'avez pas de dictionnaire sous la main ? Vous avez besoin d'une recette de cuisine ? Vous recherchez d'anciennes connaissances ? Toutes ces informations sont disponibles en quelques clics. Mais Internet, c'est aussi un immense magasin. De la grande entreprise au petit artisan, la vente sur le Web permet de toucher le plus grand nombre. Même les grandes enseignes qui ont pignon sur rue proposent leur site. L'internaute dispose ainsi d'un plus grand choix et peut comparer rapidement les produits disponibles sur le marché. C'est aussi un formidable moyen de faire des affaires et de réaliser d'importantes économies.

La navigation sur le Web est la principale activité des internautes. Son principe est très simple : vous saisissez l'adresse d'un site, puis vous cliquez les liens proposés pour *naviguer* ou *surfer* de page en page sur les sujets qui vous intéressent.

Une adresse de site est composée de trois parties. Le service sur Internet qui permet de consulter des pages s'appelle le *World Wide Web*, ou plus simplement le Web. Les adresses des sites commencent donc par les lettres « www ». On trouve ensuite le nom du site. C'est généralement le nom d'une société, d'une marque ou d'un organisme. L'adresse est complétée par quelques lettres qui indiquent le type de site : « com » correspond à une société commerciale, « fr » à un site français, *etc.* Ces trois parties sont séparées par des points. Prenons un exemple. Pour accéder au site de la radio RTL, il suffit de taper l'adresse `www.rtl.fr`. Notez que les espaces n'existent pas dans les adresses. Les majuscules ne sont pas prises en compte. Il est donc inutile de les saisir.

L'accès au Web s'effectue avec le logiciel Internet Explorer.

1 Cliquez le bouton **Démarrer** ▶ **Internet**.
L'interface d'Internet Explorer permet de découvrir toutes les possibilités du Web. L'adresse doit être saisie dans la zone située à droite des boutons .

2 Cliquez la zone **Adresse** (à droite des boutons).

3 Tapez l'adresse du site, par exemple `www.rtl.fr`, puis validez avec la touche **Entrée**.

Coup de main

Pour les adresses se terminant par .com, tapez uniquement le nom du site et appuyez sur la combinaison de touches **Ctrl** + **Entrée**. L'adresse est automatiquement complétée avec www et .com. Ainsi, l'adresse « google » deviendra automatiquement www.google.com.

La page correspondant à l'adresse saisie est affichée (voir encadrés).

Maintenant, vous pouvez naviguer de page en page. Comment ? Tout simplement en recherchant les liens qui vous dirigent vers d'autres pages. Certains liens sont facilement reconnaissables : ils ont une couleur différente du reste du texte et sont généralement soulignés. Mais ce n'est pas toujours le cas. Pour repérer un lien, déplacez la souris. Si le curseur prend la forme , il s'agit d'un lien. Dans ce cas, cliquez-le pour passer à une autre page ou à une autre partie de la page en cours.

Coup de main

Si l'adresse saisie est mal orthographiée, Internet Explorer affiche un message d'erreur, ou vous êtes redirigé vers un autre site, celui de votre fournisseur d'accès par exemple. Corrigez dans ce cas votre saisie, puis appuyez sur **Entrée**. Si vous avez cliqué le mauvais lien ou si vous désirez parcourir les pages déjà visitées, Internet Explorer vous propose des boutons pour accéder aux pages suivantes et précédentes, mais aussi à une page précise. Pour revenir à la page précédente, cliquez le bouton . Pour voir la page suivante, cliquez le bouton . Ces boutons ne sont disponibles que si vous avez déjà consulté au minimum deux pages depuis l'ouverture d'Internet Explorer. Pour choisir une page précise, cliquez la flèche en regard des boutons , puis cliquez le nom de la page dans la liste qui s'ouvre.

Fenêtre d'Internet Explorer

1. Titre du site web visité
2. Boutons de navigation entre les pages visitées
3. Zone de saisie de l'adresse d'un site
4. Zone de saisie pour la recherche de sites
5. Onglets des sites visités
6. Barre d'outils
7. Barre d'état

Barre d'outils d'Internet Explorer

1. Accès à la liste des Favoris et à l'Historique
2. Ajoute un lien aux Favoris
3. Affiche en mosaïque des pages des onglets
4. Onglets des sites visités
5. Affiche la page de démarrage
6. Accès aux flux du site visité
7. Imprime la page en cours
8. Commandes applicables à la page en cours
9. Outils d'Internet Explorer
10. Aide en ligne

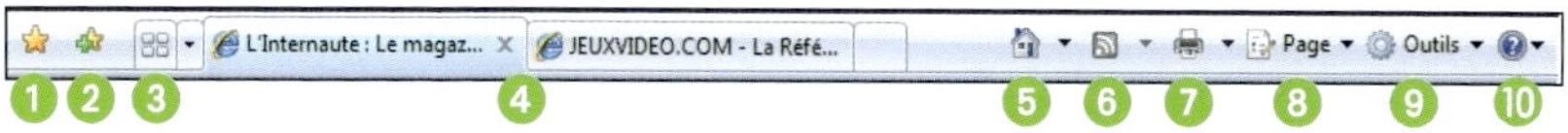

Conservez et réutilisez les adresses des sites visités

Avec le temps, vous verrez que l'on revient très souvent sur les mêmes sites. Généralement parce qu'ils correspondent à des hobbies, des informations pour le travail ou des sites marchands que l'on privilégie.

Pour ne pas retaper l'adresse de ces sites, vous pouvez les conserver dans un dossier appelé « Favoris ».

Ajouter une adresse aux favoris

1. Affichez la page dont vous désirez conserver l'adresse.
2. Cliquez le menu **Favoris** ▶ **Ajouter aux Favoris**, ou cliquez le bouton ▶ **Ajouter aux Favoris**.

Coup de loupe

Si la barre de menus n'est pas affichée, appuyez sur la touche **Alt**. Pour afficher la barre de menus en permanence, cliquez du bouton droit n'importe quelle barre d'outils, puis cliquez la commande **Barre de menus** dans le menu contextuel.

3 Tapez le nom du site ou de la page dans la zone **Nom**. Ce nom n'a aucune influence sur le lien.

4 Sélectionnez dans la liste **Créer dans** le dossier qui doit contenir l'adresse.

5 Cliquez le bouton **Ajouter**.

Utiliser une adresse des favoris

Tous les liens ajoutés sont disponibles dans un menu. Vous pouvez donc y accéder très facilement.

1 Cliquez le menu **Favoris**.

2 Éventuellement, pointez le dossier dans lequel se trouve le lien.

3 Cliquez le lien de la page à afficher.

Coup de main

Si vous trouvez le menu Favoris difficile d'emploi, affichez le volet des favoris. Cette solution permet de continuer à naviguer dans la partie de droite d'Internet Explorer tout en ayant la liste des liens dans la partie de gauche : cliquez le bouton ☆, puis le bouton ☆ Favoris. Pour conserver le volet des favoris ouvert, cliquez le bouton ⇦. Pour fermer le volet, cliquez le bouton ✕.

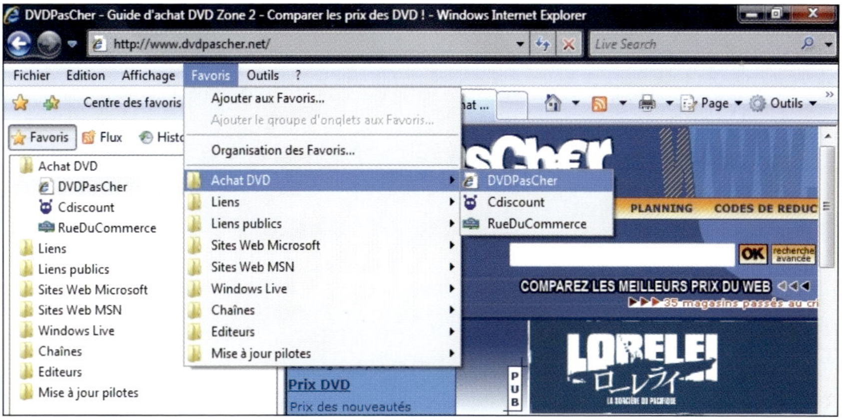

Organiser les favoris

Pour ne pas être submergé par une quantité importante de liens, mieux vaut les organiser en les classant par thèmes dans des dossiers.

1. Cliquez le menu **Favoris** ▶ **Organiser les Favoris**, ou cliquez le bouton ▶ **Organiser les Favoris**. La boîte qui s'affiche permet de créer, de renommer ou de supprimer des dossiers. Il s'agit d'une arborescence semblable à celle de votre disque dur.
2. Utilisez les boutons correspondants pour modifier les dossiers (voir figure ci-contre).

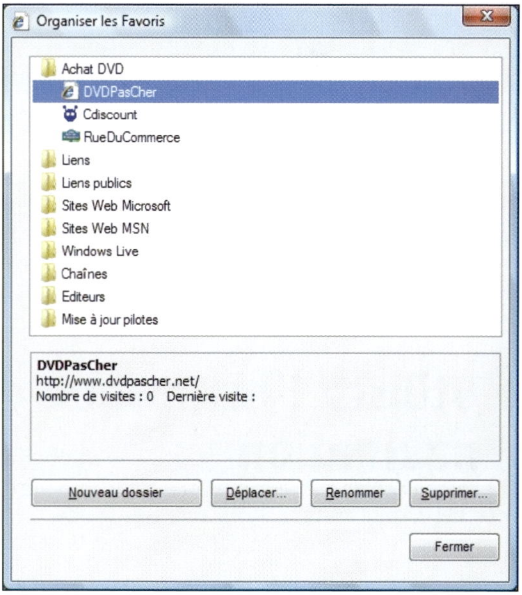

Définir la page de démarrage

Si vous consultez toujours la même page à chaque connexion, définissez-la comme page par défaut.

1 Affichez la page à utiliser par défaut.

2 Cliquez le menu **Outils ▶ Options Internet**.

3 Cliquez l'onglet **Général**.

4 Cliquez le bouton **Page actuelle** pour qu'elle devienne la page de démarrage.

5 Cliquez le bouton **OK**.

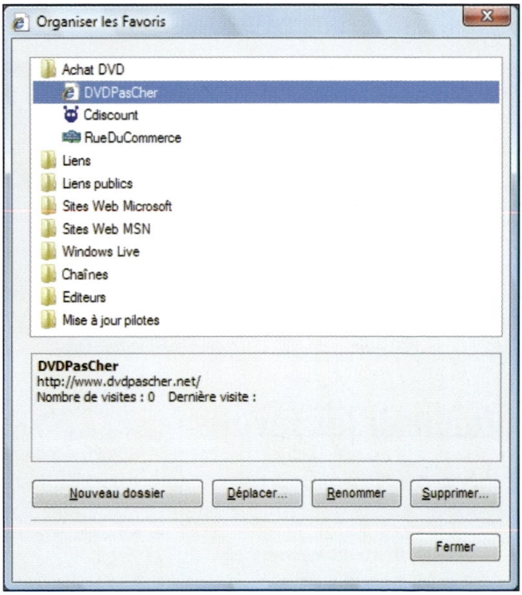

Coup de loupe

Si vous cliquez le bouton **Par défaut**, le site MSN de Microsoft ou celui du constructeur de l'ordinateur sera ouvert au démarrage. Si vous cliquez le bouton **Page vierge**, aucun site ne sera affiché à l'ouverture d'Internet Explorer. Pour ajouter plusieurs pages au démarrage, consultez la section « Utilisez les onglets » plus loin dans ce chapitre.

Utilisez l'historique de votre navigation

Internet Explorer conserve l'adresse des dernières pages visitées. Elles sont regroupées par semaines, et par jours pour la dernière semaine.

1 Cliquez le menu **Affichage ▶ Volet d'exploration ▶ Historique**, ou cliquez le bouton ☆ puis le bouton Historique ▾.

Le volet Historique s'affiche dans la partie de gauche d'Internet Explorer.

2 Pour conserver ouvert le volet de l'historique, cliquez le bouton . Pour fermer le volet, cliquez le bouton .

3 Cliquez le jour ou la semaine à consulter.
Chaque dossier correspond à un site visité.

4 Cliquez un dossier pour l'ouvrir.
Chaque lien correspond à une page visitée.

5 Cliquez un lien pour afficher la page correspondante.
La page s'ouvre dans la partie de droite d'Internet Explorer.

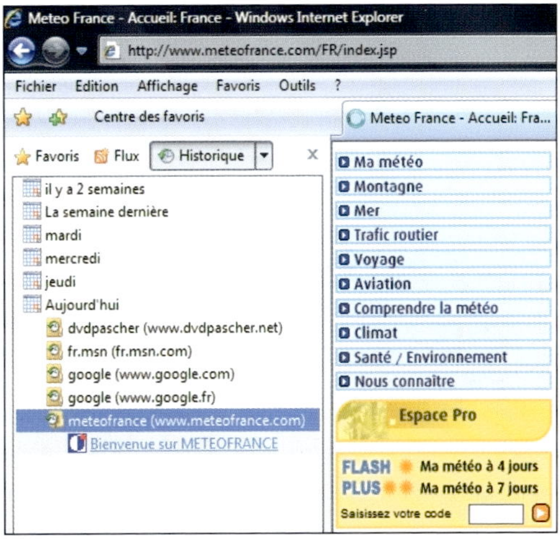

Utilisez les onglets

Pour naviguer facilement entre les sites ouverts, utilisez les onglets.

1 Pour ajouter une nouvelle page, cliquez l'onglet vide à la fin de la liste des onglets (l'onglet prend la forme quand vous le pointez). Vous pouvez aussi utiliser le raccourci **Ctrl** + **T**.

2 Saisissez l'adresse du site comme à l'accoutumée.

3 Pour changer de site, cliquez l'onglet correspondant.

4 Pour fermer un onglet, cliquez-le, puis cliquez le bouton à l'intérieur de cet onglet. Il n'est pas possible de fermer le dernier onglet.

> **Coup de main**
>
> Si vous désirez ouvrir un site dans une nouvelle fenêtre d'Internet Explorer et non dans un onglet, tapez le raccourci **Ctrl** + **N**. Les nouvelles fenêtres sont accessibles par des boutons dans la Barre des tâches.

Utiliser l'aperçu en mosaïque

Si vous avez ouvert une grande quantité d'onglets, vous pouvez obtenir un aperçu rapide des pages en cours.

1 Cliquez le bouton à gauche des onglets.
Toutes les pages des onglets sont visibles.

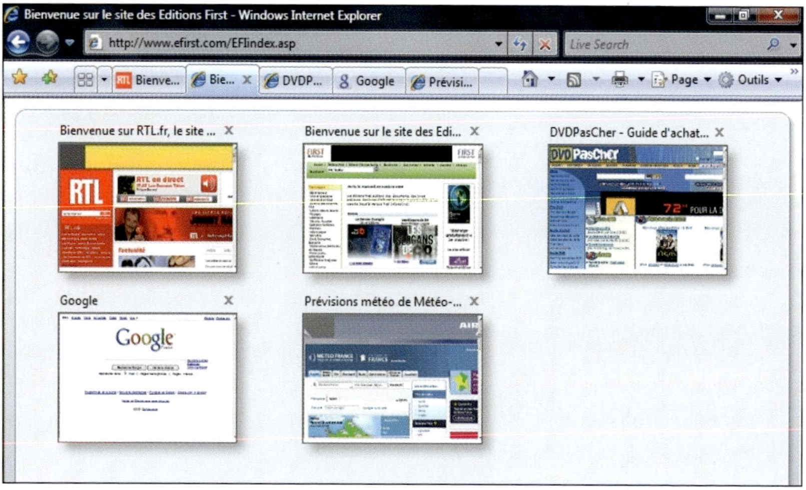

2 Cliquez la page à ouvrir dans l'aperçu en mosaïque.

Il est aussi possible de changer rapidement de page sans utiliser les onglets :

1 Cliquez la flèche en regard du bouton .

2 Cliquez la page dans la liste qui s'ouvre.

Ajouter un groupe d'onglets aux favoris

Si vous ouvrez toujours les mêmes sites, ajoutez un groupe dans les favoris.

1 Ouvrez les sites dans des onglets comme vu précédemment.

2 Cliquez le bouton ▶ **Ajouter le groupe d'onglets aux Favoris**.

3 Tapez un nom dans la zone **Nom du groupe d'onglets**.

4 Éventuellement, sélectionnez le dossier qui doit contenir le dossier du groupe dans la liste **Créer dans**.

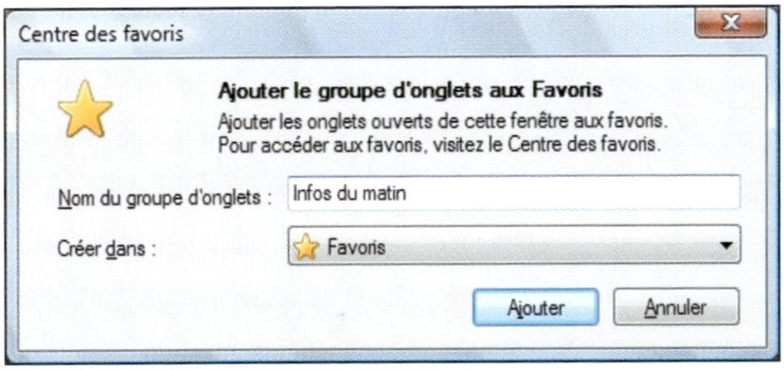

5 Cliquez le bouton **Ajouter**.

Internet Explorer crée un dossier avec le nom saisi à l'étape **3**. Ce dossier contient les liens vers les pages ouvertes actuellement.

Pour ouvrir en une seule fois tous les sites d'un groupe :

1 Cliquez le bouton , puis cliquez le bouton **Favoris**.

2 Cliquez le bouton en regard du nom du groupe.

Toutes les pages du groupe sont ouvertes dans des onglets.

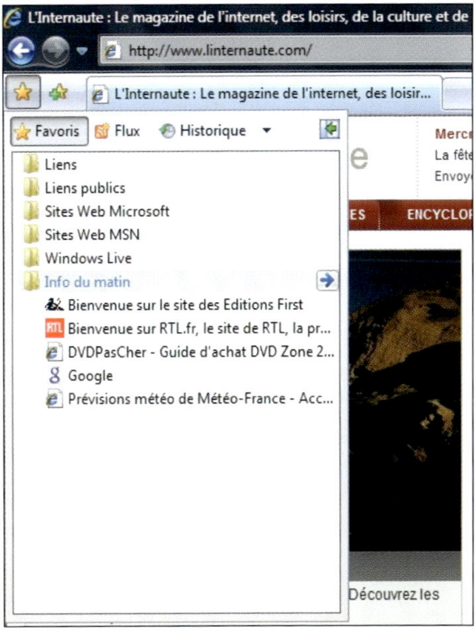

Coup de main

Vous pouvez ouvrir de la même manière toutes les pages d'un dossier des favoris. Il n'est pas nécessaire pour cela de créer un groupe.

Ajouter plusieurs pages de démarrage

Internet Explorer permet d'ouvrir plusieurs pages web dès son ouverture.

1 Ouvrez les pages à afficher lors du démarrage d'Internet Explorer.

2 Cliquez la flèche en regard du bouton .

3 Cliquez la commande **Ajouter ou modifier une page de démarrage** dans le menu contextuel.

4 Cochez l'option **Utiliser l'ensemble d'onglets actuel comme page de démarrage**.

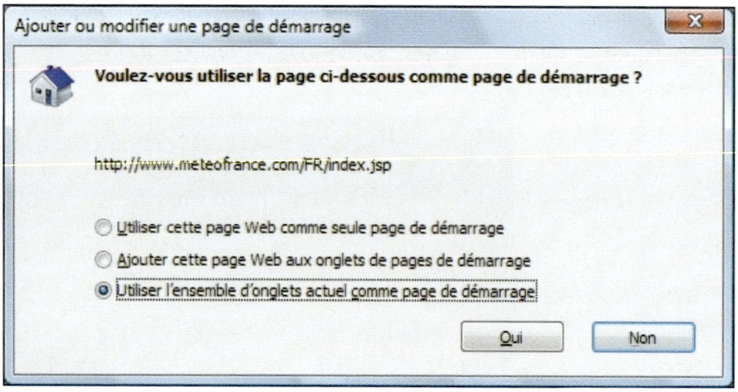

5 Cliquez le bouton **Oui**.

Toutes les pages actuelles seront ouvertes au démarrage d'Internet Explorer.

Gérer les onglets à la fermeture

Internet Explorer propose de retrouver les pages actuellement ouvertes lors de votre prochaine session.

1 Ouvrez des pages dans plusieurs onglets.

2 Cliquez le bouton pour fermer Internet Explorer.

3 Au besoin, cliquez le bouton **Afficher les options**.

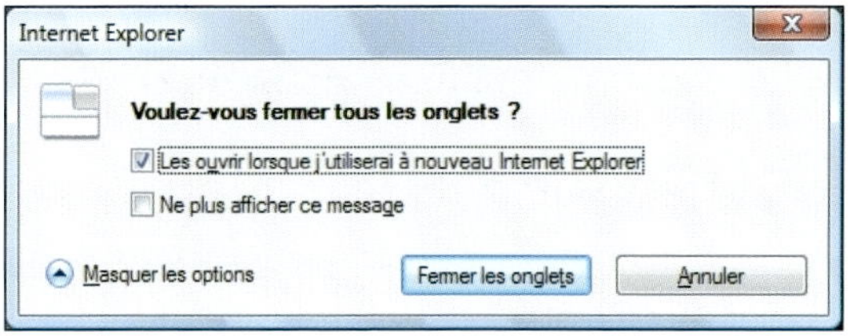

4 Cochez la case **Les ouvrir lorsque j'utiliserai à nouveau Internet Explorer**.

5 Cliquez le bouton **Fermer les onglets**.

> **Coup de main**
>
> Si vous cochez la case **Ne plus afficher ce message** (voir figure précédente), Internet Explorer ne vous posera plus la question. Pour rétablir cette option, cliquez le menu **Outils** ▶ **Options Internet**, puis l'onglet **Général** et le bouton **Paramètres** de la zone **Onglets**. Cochez la case **M'avertir lors de la fermeture de plusieurs onglets** puis validez les boîtes ouvertes.

Modifier les paramètres des onglets

Une bonne utilisation des onglets nécessite de modifier quelques paramètres.

1 Cliquez le menu **Outils** ▶ **Options Internet**.

2 Cliquez l'onglet **Général**.

3 Cliquez le bouton **Paramètres** de la zone **Onglets**.
Cette boîte propose toutes les options pour gérer les onglets.

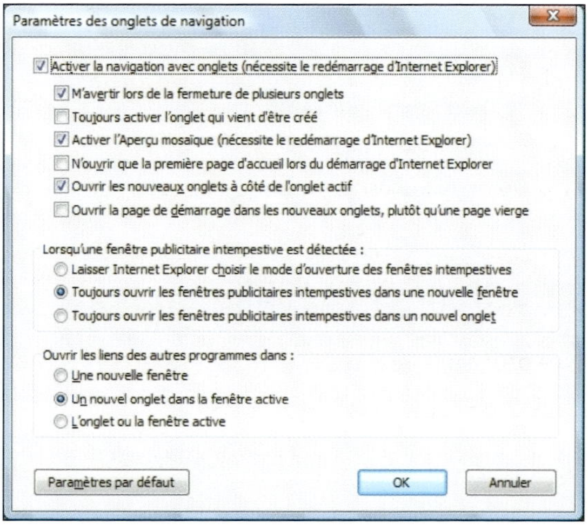

4 Modifiez les paramètres proposés.

5 Cliquez le bouton **OK** dans les boîtes ouvertes.

Exploitez les pages web

Pour exploiter les pages en dehors de la navigation, vous pouvez les enregistrer sur votre disque dur, les imprimer, ou copier des portions de texte dans un autre logiciel.

Rechercher un texte

La recherche d'un texte permet de se positionner directement à un endroit précis, quelle que soit la longueur de la page. Cette recherche se limite à la page en cours.

1 Cliquez le menu **Édition** ▶ **Rechercher sur la page**. Pour aller plus vite, utilisez le raccourci **Ctrl** + **F**.

2 Dans la boîte qui s'affiche, tapez le texte à trouver dans la zone **Rechercher** et choisissez d'éventuelles options.

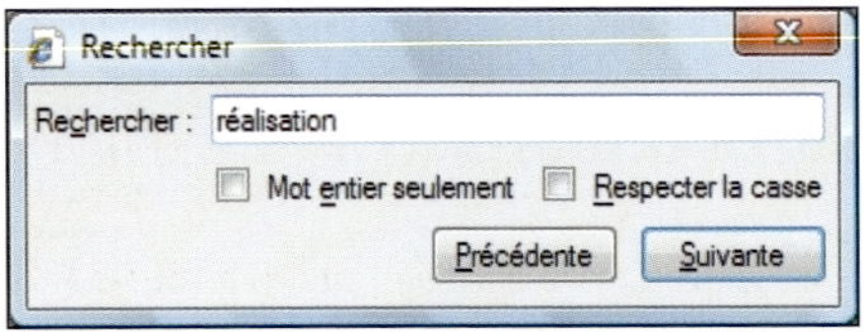

3 Cliquez le bouton **Suivante**.
Le texte trouvé est en surbrillance à l'intérieur de la page web.

4 Cliquez le bouton **Suivante** pour trouver une nouvelle occurrence du texte. Cliquez le bouton **Annuler** à tout moment pour arrêter la recherche.

Sélectionner et copier un texte

En sélectionnant une portion de page, vous pourrez copier ou imprimer cette sélection.

1 Cliquez avant le premier caractère du texte, puis, sans relâcher le bouton de souris, faites glisser jusqu'au dernier caractère.

2 Tapez **Ctrl** + **C** pour copier la sélection dans le Presse-papiers.

Coup de main

Le Presse-papiers est une zone temporaire dans laquelle est stockée une partie ou l'intégralité d'un document quel que soit son type (texte, image, *etc.*). Vous pouvez à tout moment récupérer le contenu du Presse-papiers pour l'insérer dans un autre document.

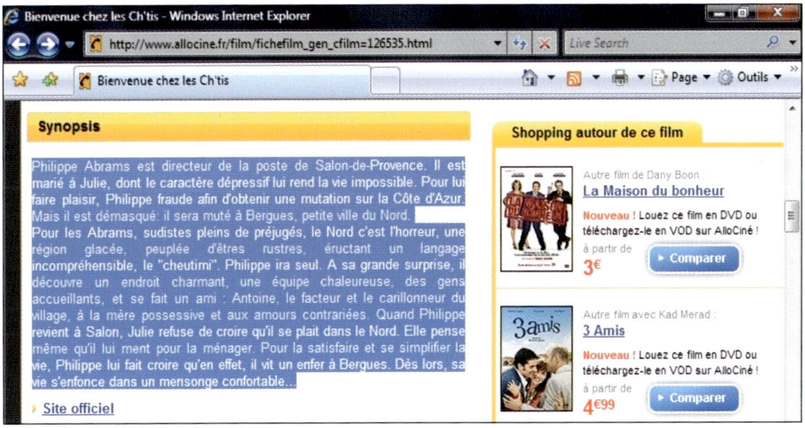

3 Ouvrez l'application et le document (ou un document vierge) qui doit contenir le texte copié.

4 Cliquez la position d'insertion.

5 Tapez **Ctrl** + **V** pour coller le contenu du Presse-papiers à la position du curseur. Toutes les applications n'acceptent pas ce type de copie. Faites des tests avec la vôtre. Le texte de la page web est inséré dans le document de votre application.

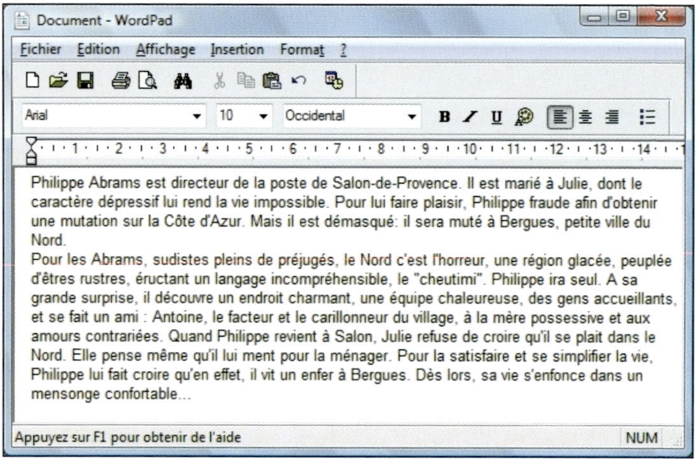

6 Éventuellement, mettez en forme le texte avec votre application.

Coup de main

Il est parfois difficile de sélectionner uniquement du texte, car les pages web contiennent souvent des images. Pour ne sélectionner que le texte désiré, si nécessaire, copiez le texte en plusieurs fois. Certains textes sont en réalité des images. Vous pourrez donc seulement copier l'image et vous ne pourrez pas la modifier comme du texte après collage.

Enregistrer une page web

Internet Explorer ne conserve les pages visitées que dans la limite de la taille allouée sur le disque. Pour être sûr de conserver durablement une page, vous devez l'enregistrer.

1 Cliquez le menu **Fichier** ▸ **Enregistrer sous**.

2 Sélectionnez le dossier de destination dans le volet de navigation.

3 Tapez le nom de la page dans la zone **Nom du fichier**.

4 Dans la liste **Type**, sélectionnez **Page Web complète** pour enregistrer les éléments de la page dans un dossier séparé. Sélectionnez **Archive Web** pour enregistrer tous les éléments dans un unique fichier.

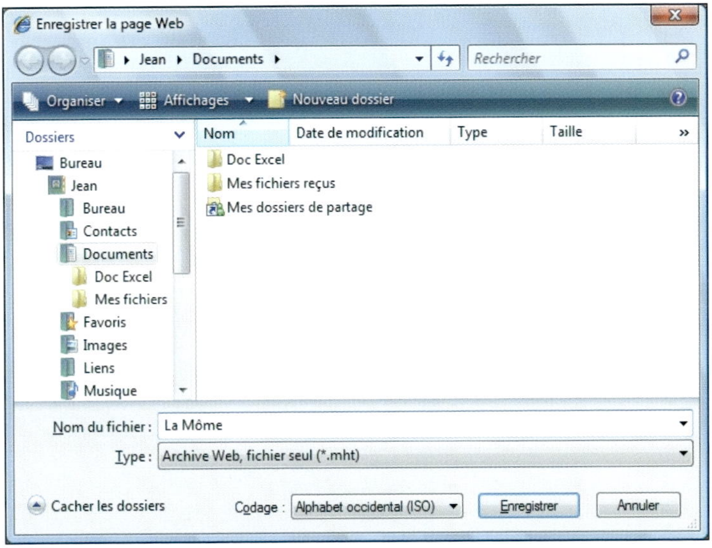

5 Cliquez le bouton **Enregistrer**.

À tout moment, vous pourrez accéder à la page enregistrée en cliquant le menu **Fichier** ▶ **Ouvrir**.

Imprimer une page web

Pour conserver une trace d'une page web, par exemple une commande ou une facture, imprimez-la. Internet Explorer propose une mise en page complète avant l'impression.

Définir la mise en page

1 Cliquez le menu **Fichier** ▶ **Mise en page**.

2 Sélectionnez le format du papier dans la liste **Taille**.

3 Tapez dans les zones **En-tête** et **Pied de page** le texte à imprimer en haut et en bas de chaque page.

4 Cochez l'orientation de la page : **Portrait** pour une impression verticale et **Paysage** pour une impression horizontale.

Coup de main

Il est presque toujours nécessaire d'imprimer en mode **Paysage** pour adapter l'impression à la largeur des pages.

5 Tapez dans les zones **Gauche**, **Droite**, **Haut** et **Bas** les marges non imprimables.

6 Cliquez le bouton **OK**.

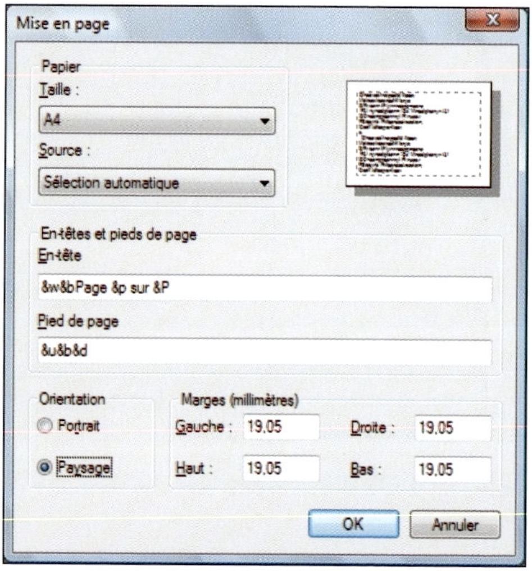

Lancer l'impression

1 Cliquez le menu **Fichier** ▶ **Imprimer** ou tapez le raccourci **Ctrl** + **P**.

2 Dans la zone **Sélectionnez une imprimante**, choisissez celle à utiliser (le symbole ✓ indique l'imprimante par défaut).

3 Cliquez le bouton **Préférences** si vous souhaitez modifier les options de l'imprimante (résolution d'impression, taille du papier, *etc.*).

4 Sélectionnez les pages à imprimer. Si vous choisissez l'option **Pages**, tapez le numéro de la première page, un tiret puis le numéro de la dernière page. L'option **Sélection** est disponible si une partie de la page web est sélectionnée.

5 Sélectionnez le nombre de copies à imprimer. Si vous avez choisi d'en imprimer plusieurs, cochez l'option **Copies assemblées** pour obtenir des pages triées (pages 1, 2, 3, *etc.*, puis 1, 2, 3, *etc.*) ou décochez l'option pour une impression plus rapide (pages 1, 1, *etc.*, puis 2, 2, *etc.*).

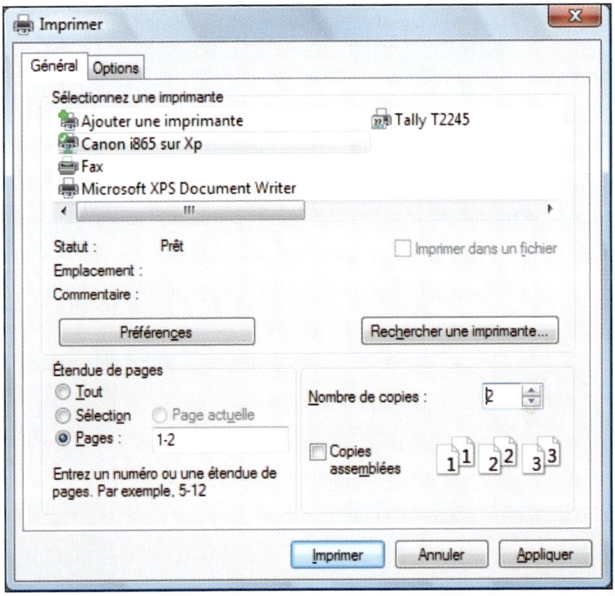

6 Cliquez le bouton **Imprimer**.

Exploitez les images des pages web

Vous êtes intéressé par une image ? Conservez-la sur votre disque dur, sur papier, ou expédiez-la à un ami par courriel.

Imprimer une image

1 Cliquez du bouton droit l'image à imprimer.

2 Cliquez la commande **Imprimer l'image** dans le menu contextuel.

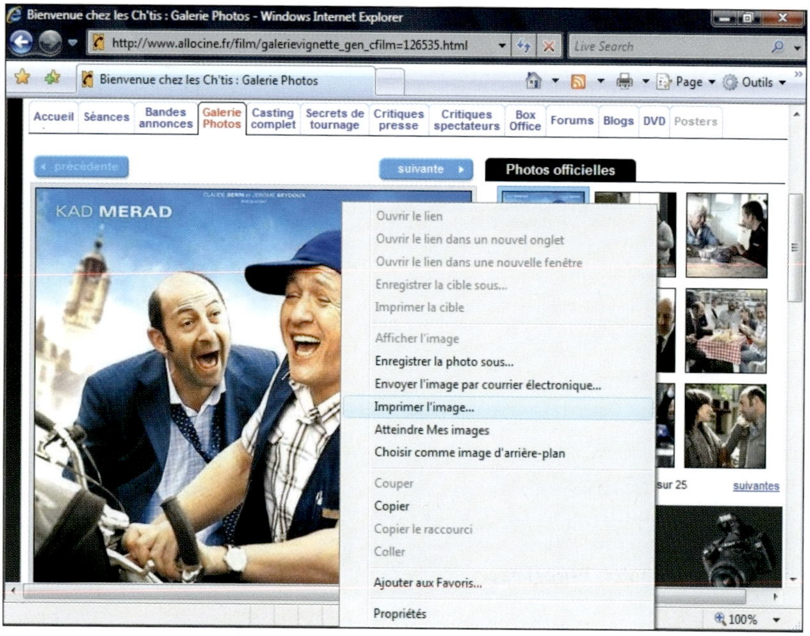

3 Modifiez les options proposées (consultez le paragraphe précédent).

4 Cliquez le bouton **Imprimer**.

Enregistrer une image

En enregistrant une image, vous pourrez l'utiliser ultérieurement pour l'insérer dans un document ou pour l'imprimer.

1 Cliquez du bouton droit l'image à conserver.

2 Cliquez **Enregistrer la photo sous** dans le menu contextuel.

3 Sélectionnez le dossier de destination dans le volet de navigation. Par défaut, l'image est enregistrée dans le dossier Mes images.

4 Tapez dans la zone **Nom du fichier** le nom de l'image. Vous pouvez aussi conserver le nom d'origine.

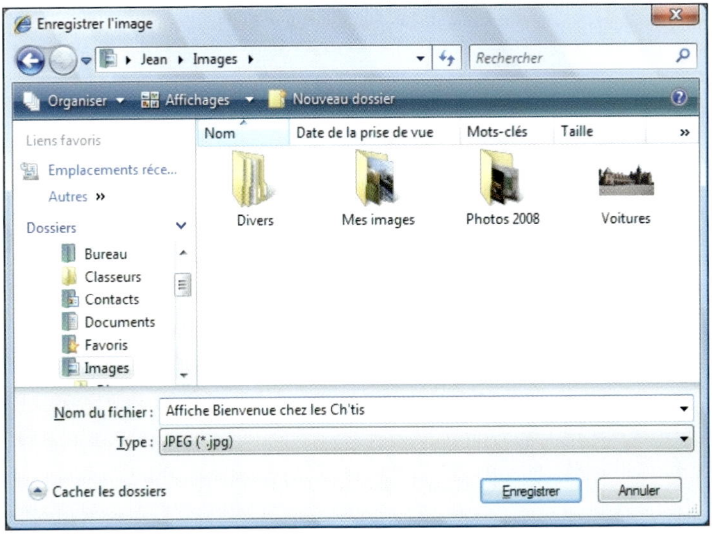

5 Cliquez le bouton **Enregistrer**.

Expédier une image par courrier électronique

Si vous avez trouvé l'image que tout le monde cherche, expédiez-la par courriel à vos amis.

1 Cliquez du bouton droit l'image à expédier.

2 Cliquez **Envoyer l'image par courrier électronique** dans le menu contextuel.

3 Cliquez le bouton **Autoriser** si Internet Explorer affiche une boîte d'avertissement.

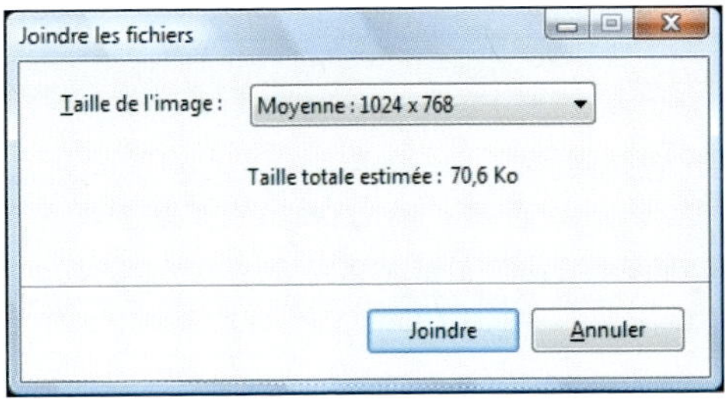

4 Comme l'image peut être de taille imposante, la boîte de la figure ci-dessus s'affiche. Indiquez la grandeur de l'image en la sélectionnant dans la liste **Taille de l'image**, puis cliquez le bouton **Joindre**.
Le nom du fichier de l'image apparaît dans la zone Joindre.

5 Tapez le nom ou l'adresse électronique du destinataire dans la zone **À**.

6 Éventuellement, modifiez la zone **Objet**.

7 Éventuellement, tapez un commentaire dans la zone du bas.

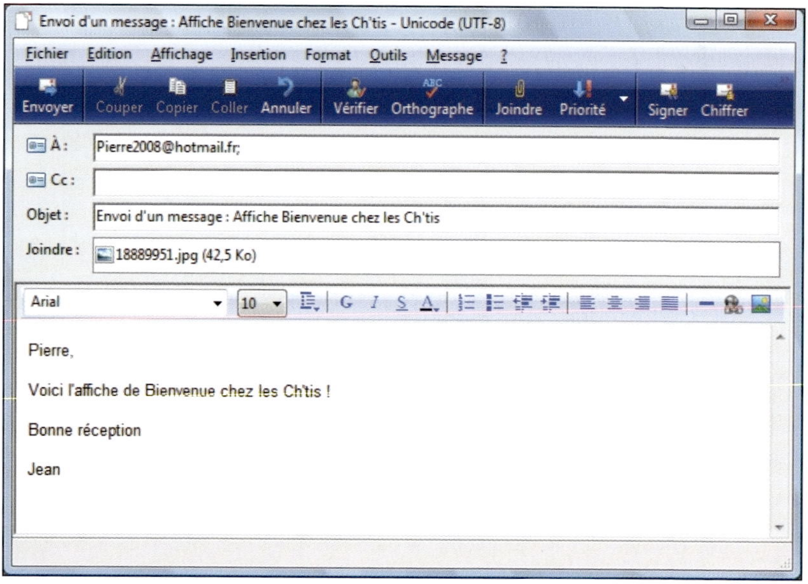

8 Cliquez le bouton **Envoyer**.

Coup de main

Pour des informations complémentaires sur l'expédition des courriels, consultez le chapitre 9.

Placer une image en papier peint

On trouve sur le Web de plus en plus d'images. Changez régulièrement le fond de votre Bureau en les installant comme papier peint.

1 Cliquez du bouton droit l'image qui vous intéresse.

2 Cliquez **Choisir comme image d'arrière-plan** dans le menu contextuel.

3 Cliquez le bouton **Oui** pour confirmer.

4 Réduisez la fenêtre d'Internet Explorer pour voir le Bureau.

L'image apparaît en fond d'écran.

Coup de loupe

Pour définir la taille de l'image (Centrer, Mosaïque ou Étirer), cliquez du bouton droit le fond du Bureau puis cliquez **Personnaliser**. Cliquez le lien **Arrière-plan du Bureau** dans la fenêtre **Personnalisation**. Dans la zone **Quel doit être le positionnement de l'image**, cliquez une des trois options proposées.

Supprimez les fenêtres publicitaires

Les *pop-up* sont de petites fenêtres, généralement publicitaires, qui s'ouvrent spontanément quand vous naviguez sur le Web. Certains sites abusent tellement de cette technique qu'il devient très difficile de naviguer en toute sérénité. Pour vous débarrasser de ces fenêtres, il existe une solution efficace.

1 Cliquez le bouton Outils ▸ **Bloqueur de fenêtres publicitaires intempestives** ▸ **Activer le bloqueur...**. Si le bloqueur est déjà actif, le menu propose la commande **Désactiver le bloqueur...**.

2 Cliquez le bouton **Oui** pour confirmer.

Dès qu'un site affiche une fenêtre pop-up, une barre d'information vous indique que cette dernière est bloquée.

Si vous désirez ponctuellement afficher une fenêtre pop-up, cliquez la barre d'information puis la commande **Autoriser temporairement les fenêtres publicitaires intempestives**.

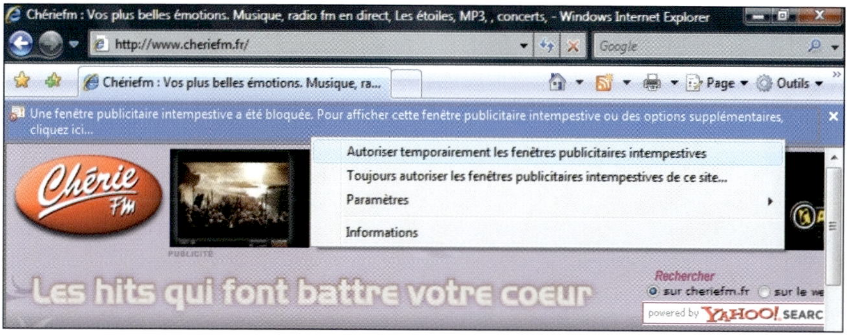

Quelques sites pour bien débuter votre navigation

Si vous ne savez pas par où commencer, voici une liste de sites pertinents classés par thèmes.

Sorties et spectacles

www.allocine.com

www.infoconcert.com

www.telerama.fr

Dictionnaires et encyclopédies

www.dicorama.com
(moteur de recherche de dictionnaires)

fr.wikipedia.org

Actualités

www.liberation.fr

www.lemonde.fr

www.lefigaro.fr

www.nouvelobs.com

www.ladepeche.com

www.lexpansion.com

news.google.fr

www.linternaute.com

Argent

www.boursorama.com

www.votreargent.fr

fr.finance.yahoo.com

Météo

www.meteofrance.com

www.meteo123.com

Annuaires téléphoniques

www.pagesjaunes.fr

www.annu.com

www.bottin.fr

www.infobel.com
(portail vers tous les annuaires du monde)

Annuaires inversés

www.ctqui.com

www.pagesjaunes.fr/quidonc/

Plans et itinéraires

www.mappy.com

www.viamichelin.fr

maps.google.fr

www.maporama.com

Rencontres et retrouvailles

www.copainsdavant.com

www.ame-soeur.com

www.meetic.fr

www.rencontre.com

Vidéos et musiques

www.youtube.com

www.dailymotion.com

Téléchargement de logiciels

www.01net.com

www.clubic.com

www.commentcamarche.net

www.zdnet.fr

Chapitre 2

Effectuez des recherches

Dans ce chapitre

- ✓ Recherchez un site web
- ✓ Recherchez un numéro de téléphone
- ✓ Recherchez un plan ou un itinéraire
- ✓ Trouvez des photos satellites aériennes
- ✓ Utilisez les dictionnaires et encyclopédies
- ✓ Recherchez d'anciens amis
- ✓ Parcourez l'actualité
- ✓ Informations tous azimuts

Il vous manque une information ? Vous recherchez un numéro de téléphone ou une adresse ? Vous n'avez pas de dictionnaire sous la main ? Vous recherchez d'anciennes connaissances ? Vous désirez connaître l'actualité du jour ? Toutes ces informations sont disponibles sur Internet en quelques clics. Ce chapitre fait le tour des outils mis à votre disposition.

Recherchez un site web

Si vous ne disposez pas de l'adresse web d'un site, vous devez effectuer une recherche. Les moteurs de recherche permettent de retrouver des pages web en fonction de mots-clés. Internet Explorer propose une zone pour accéder directement aux moteurs.

Choisir vos moteurs de recherche

Pour accéder rapidement à vos moteurs favoris, ajoutez-les dans Internet Explorer.

1 Cliquez la flèche en regard du bouton .

2 Cliquez la commande **Rechercher encore des moteurs de recherche** dans la liste.

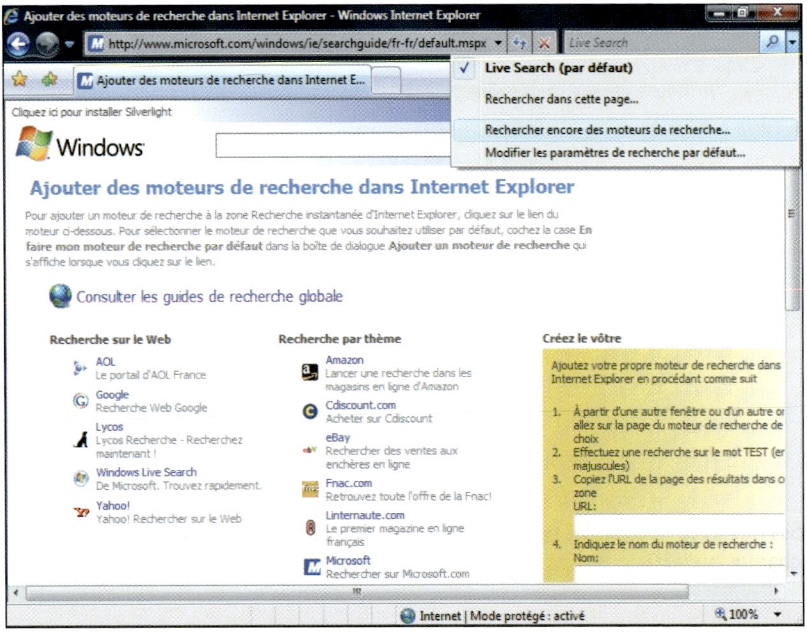

3 Cliquez, dans la page du site qui s'affiche, le moteur à ajouter dans Internet Explorer.

4 Pour utiliser en priorité ce moteur, cochez la case **En faire mon moteur de recherche par défaut**.

5 Cliquez le bouton **Ajouter le fournisseur**.

Vous pouvez aussi ajouter d'autres moteurs de recherche que ceux proposés.

1 Dans Internet Explorer, cliquez la flèche en regard du bouton .

2 Cliquez la commande **Rechercher encore des moteurs de recherche** dans la liste.

3 Suivez les instructions **1** à **4** de la page du site qui s'affiche.

4 Cliquez le bouton **Installer**.

5 Cliquez le bouton **Ajouter le fournisseur**.

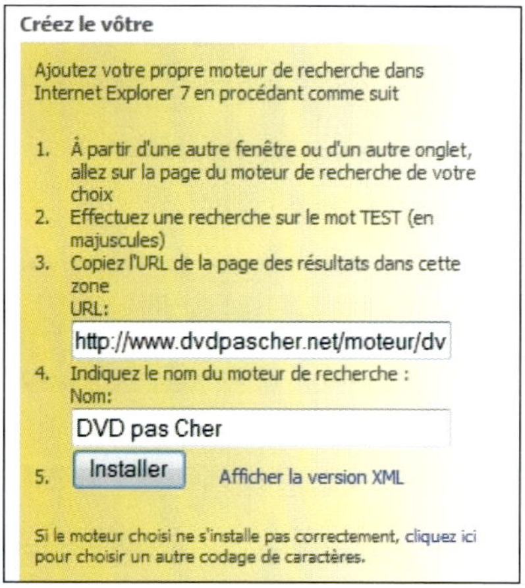

Changer de moteur ou définir celui par défaut

Si vous avez installé plusieurs moteurs de recherche, choisissez celui disponible à chaque ouverture de session, ou choisissez celui à utiliser en cours de session.

Pour définir votre moteur de recherche par défaut :

1 Cliquez la flèche en regard du bouton .

2 Cliquez la commande **Modifier les paramètres de recherche par défaut**.

3 Cliquez le nom du moteur dans la liste **Moteurs de recherche**.

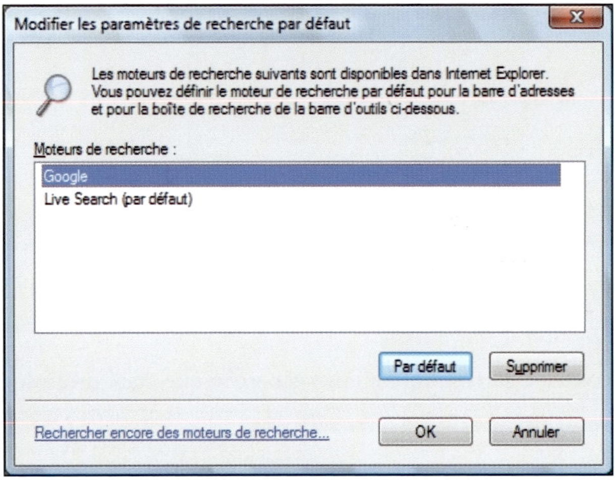

4 Cliquez le bouton **Par défaut**.

5 Cliquez le bouton **OK**.

Pour choisir un moteur de recherche :

1 Cliquez la flèche en regard du bouton .

2 Cliquez le nom du moteur dans la liste.

Utiliser les moteurs de recherche

1 Tapez dans la zone de recherche (à gauche du bouton) des mots-clés correspondant au site auquel vous désirez accéder.

2 Cliquez le bouton ou appuyez sur la touche **Entrée**.
Le moteur de recherche vous propose plusieurs liens correspondant aux mots-clés de votre recherche.

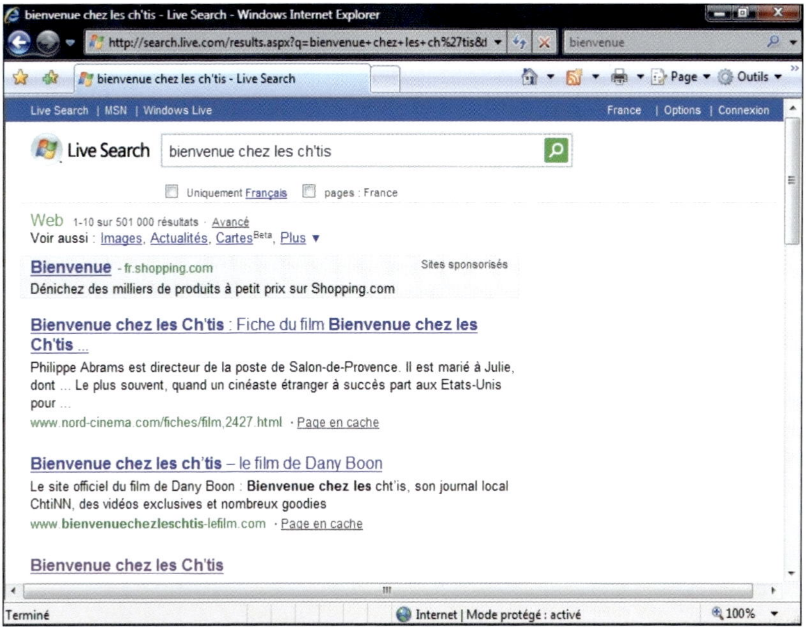

3 Cliquez un lien pour ouvrir la page correspondante. Pour ouvrir le lien dans un nouvel onglet, cliquez-le du bouton droit, puis cliquez **Ouvrir dans un nouvel onglet** dans le menu contextuel. Pour ouvrir le lien dans une nouvelle fenêtre, cliquez-le du bouton droit, puis cliquez **Ouvrir dans une nouvelle fenêtre** dans le menu contextuel.

Utiliser directement les moteurs de recherche

Les moteurs de recherche sont en fait des sites comme tous les autres. Il suffit donc de saisir leur adresse pour y accéder. Voici quelques moteurs indispensables (ils ne sont pas forcément proposés par le site de Microsoft) :

- ✓ `www.google.com`
- ✓ `www.voila.fr`
- ✓ `www.yahoo.fr`
- ✓ `www.lycos.fr`

Ces sites proposent généralement une aide pour affiner votre recherche. Consultez-la pour accéder plus facilement à l'information que vous désirez obtenir.

Effectuer une recherche avec Google

Le moteur de recherche Google répertorie plusieurs milliards de pages web. C'est le meilleur moyen de trouver rapidement l'information qui vous manque.

1 Tapez `www.google.fr` dans la barre d'adresse, puis appuyez sur **Entrée**.

2 Tapez le ou les mots-clés de la recherche.

3 Cochez une des options proposées pour effectuer une recherche précise (toutes les langues, langue française ou sites français).

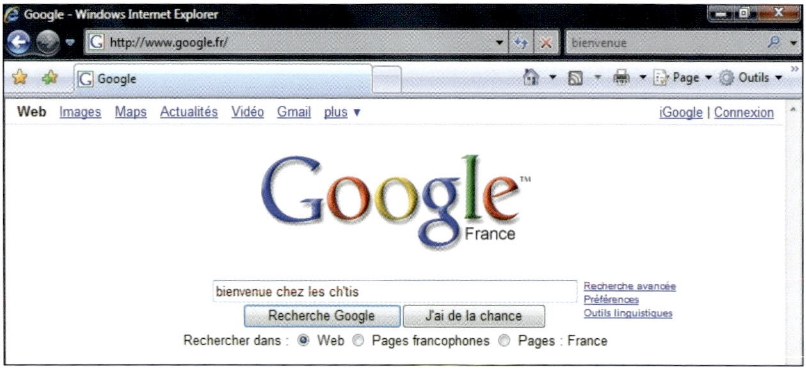

4 Cliquez le bouton **Recherche Google** pour afficher tous les liens vers les pages concernées. Cliquez le bouton **J'ai de la chance** pour afficher la page la plus pertinente.
Google affiche une liste de liens vers les pages qui contiennent les mots-clés saisis à l'étape **2**.

5 Cliquez le lien dont vous désirez consulter la page.

6 Si vous ne trouvez pas de lien intéressant, cliquez le lien **Suivant** en bas de page pour en afficher d'autres.

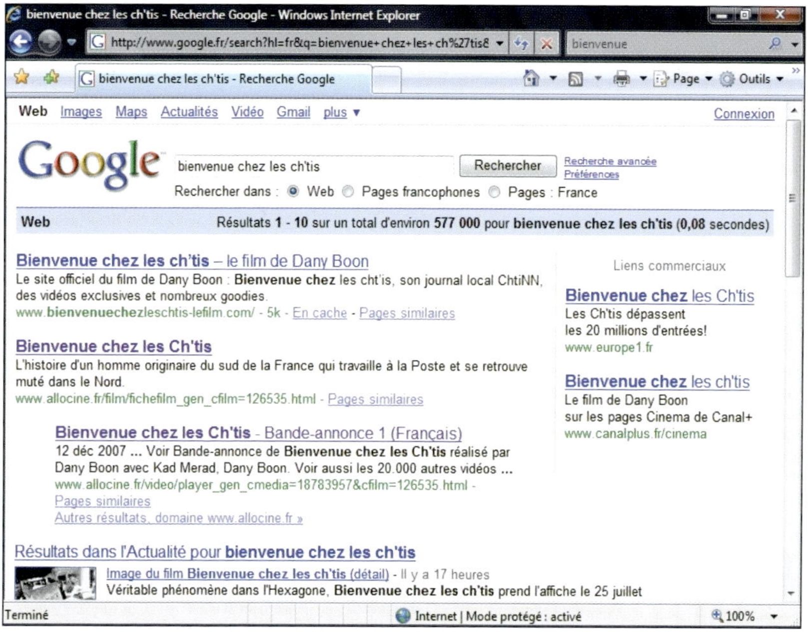

Améliorer les recherches avec Google

- ✓ Google recherche les pages contenant tous les mots que vous avez saisis. Cependant, ces derniers ne sont pas forcément dans l'ordre où vous les avez tapés, et ne sont pas obligatoirement les uns à la suite des autres.
- ✓ Pour rechercher une expression complète, par exemple le titre d'un film ou d'un livre, placez les mots entre guillemets ("star wars").
- ✓ Pour exclure un mot de la recherche, faites-le précéder du signe moins (–).
- ✓ Google ne tient pas compte des mots de liaison (de, la, *etc.*), ni des chiffres et des lettres seules. Pour forcer la recherche avec ces mots, faites-les précéder du signe plus (+).
- ✓ Google ne tient pas compte des majuscules, il est donc inutile de les saisir.

Recherche avancée

1 Ouvrez la page d'accueil de Google.

2 Cliquez le lien **Recherche avancée**.

3 Saisissez les renseignements de la recherche dans la page qui s'affiche.

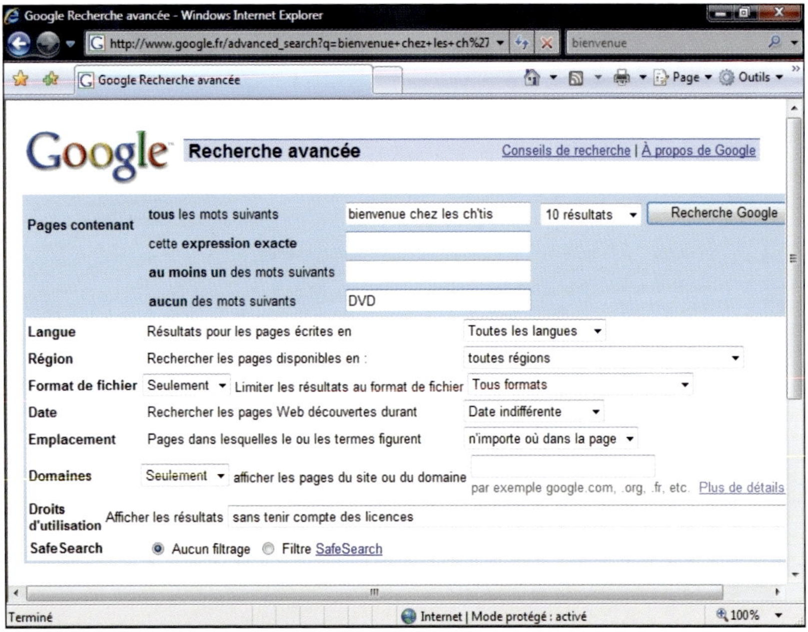

4 Cliquez le bouton **Recherche Google**.

Rechercher des images

1 Ouvrez la page d'accueil de Google.

2 Cliquez le lien **Images**.

3 Tapez le ou les mot(s)-clé(s) de la recherche.

4 Cliquez le bouton **Recherche**.

Google affiche les images correspondant aux mots-clés saisis.

5 Cliquez l'image pour la visualiser dans sa page d'origine.

Coup de main

Pour limiter le nombre d'images en fonction de la taille, sélectionnez **Grandes**, **Moyennes** ou **Petites** dans la liste **Afficher**.

Effectuer une recherche dans un site

Les grands sites proposent eux aussi une zone de recherche pour vous permettre de trouver une donnée ou un produit. Ils utilisent généralement le système de mots-clés pour vous donner accès à l'information et proposent parfois des listes dans lesquelles vous pouvez sélectionner des thèmes.

Coup de loupe

Les pages web sont généralement « intuitives ». C'est donc à vous de les parcourir et de rechercher les informations qui vous intéressent. Comme tous les sites ont leur propre interface, il serait vain d'expliquer ici le fonctionnement des millions de pages disponibles sur Internet. Ayez donc de « l'intuition » et n'hésitez pas à user de votre souris.

Recherchez un numéro de téléphone

Avec Internet, plus besoin d'annuaire papier. De plus, vous pouvez obtenir des numéros de téléphone en dehors de votre département et à l'étranger.

Il existe plusieurs sites, dont l'incontournable PagesJaunes (`www.pagesjaunes.fr`). Les recherches dans les Pages Jaunes et les Pages Blanches sont gratuites. Il n'en est pas de même pour les autres recherches.

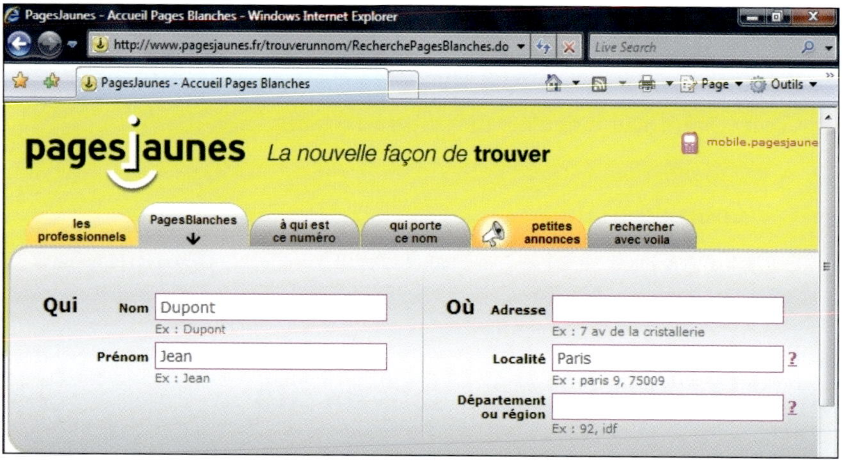

Signalons aussi trois autres sites qui proposent des annuaires en ligne :

- ✓ `www.annu.com`
- ✓ `www.infobel.com`
- ✓ `www.bottin.fr` (informations professionnelles)

Annuaire inversé

La plupart des sites d'annuaires proposent de retrouver un abonné à partir de son numéro de téléphone. Ces recherches sont généralement gratuites.

Les sites suivants proposent un annuaire inversé :

- ✓ `www.annuaireinverse.com`
- ✓ `www.ctqui.com`
- ✓ `www.pagesjaunes.fr`
- ✓ `www.infobel.com`
- ✓ `www.lannuaire.com`
- ✓ `www.recherche-inverse.com`

Numéros à l'étranger

Tous les pays ont leur propre annuaire téléphonique. Les sites comme les Pages-Jaunes ou Infobel proposent des liens vers les annuaires du monde entier. Les pages sont généralement dans la langue du pays.

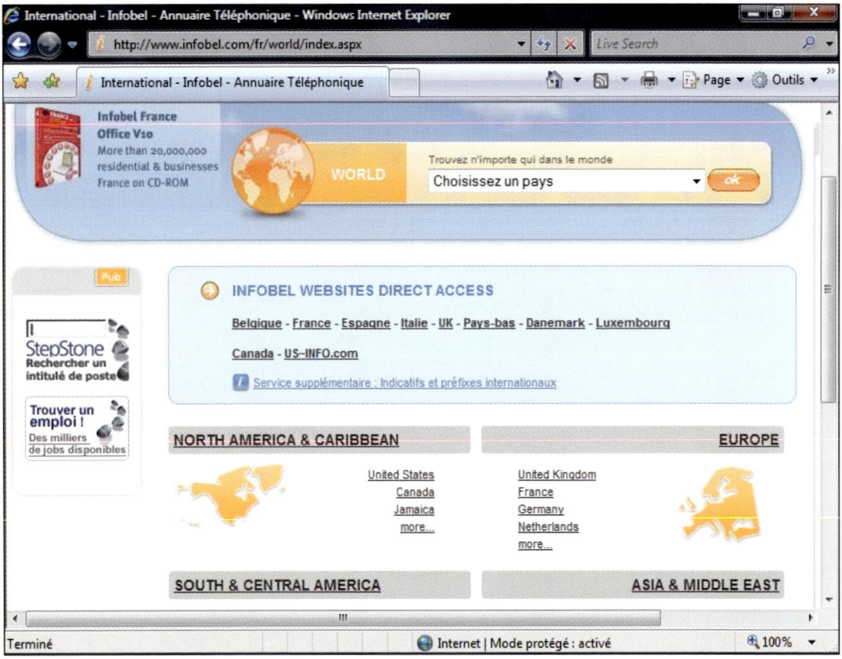

Recherchez un plan ou un itinéraire

Avant de partir en balade, mieux vaut se munir d'un plan détaillé. Des sites spécialisés proposent des cartes ou des itinéraires complets avec la liste des routes à emprunter, le kilométrage, le coût en essence et en péage, *etc.* Le site Mappy est probablement un des plus complets (`www.mappy.com`). Il propose en plus les parkings, les hôtels, les restaurants, les monuments, les radars, *etc.*

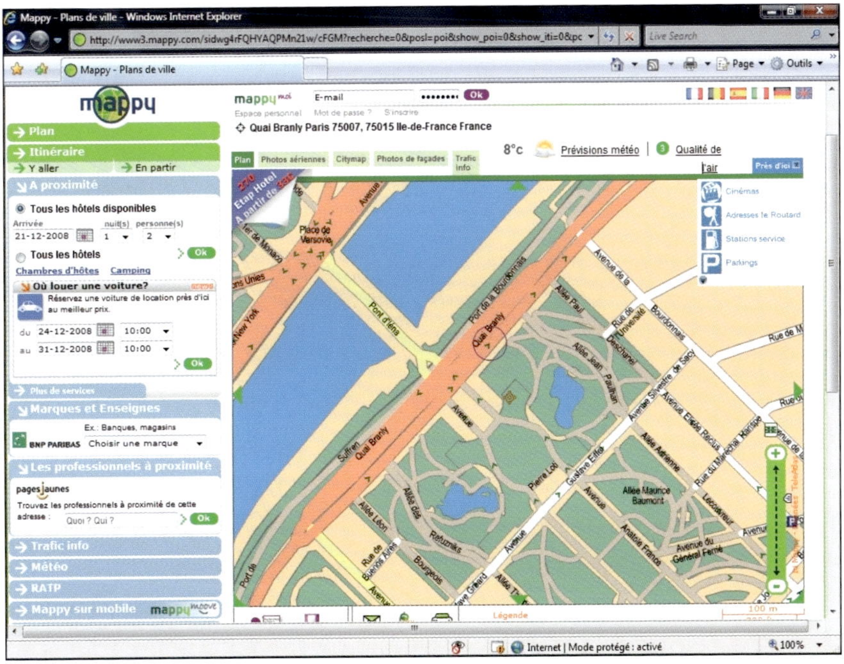

Les cartes sont affichées sous forme de plans (figure ci-dessus) et/ou de vues aériennes pour les grandes villes (figure ci-après).

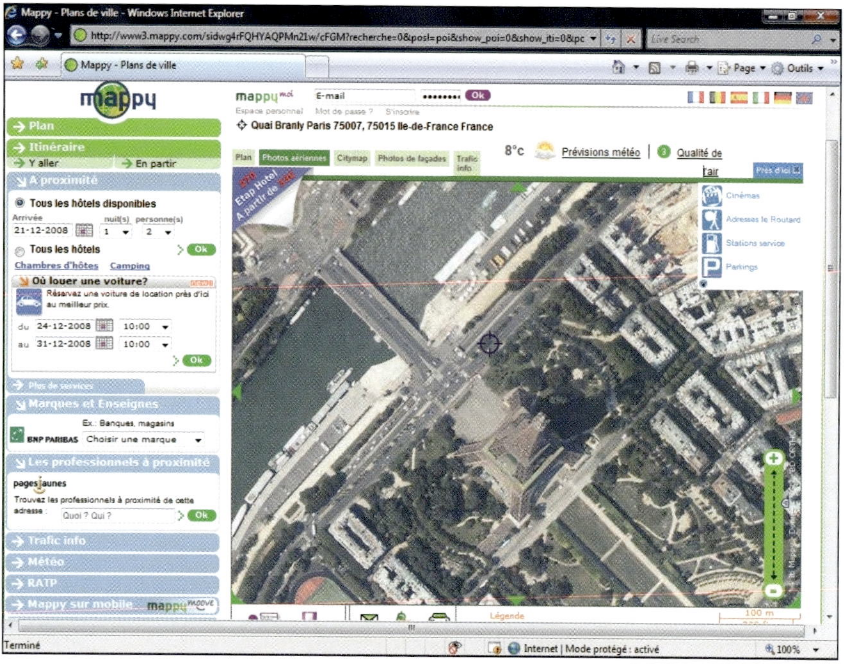

Pour obtenir un itinéraire, il suffit de donner l'adresse de départ et celle d'arrivée.

Voici quelques sites pour rechercher des cartes et des itinéraires :

- ✓ `www.viamichelin.fr`
- ✓ `www.1bis.com`
- ✓ `maps.google.fr`
- ✓ `www.maporama.com`

Trouvez des photos satellites et aériennes

Si vous désirez voir votre maison vue du ciel, Internet vous propose plusieurs sites.

En priorité, le site national GéoPortail qui couvre toute la France et les territoires d'outre-mer (`www.geoportail.fr`). Les plans et les vues aériennes sont fournis par l'IGN (Institut géographique national).

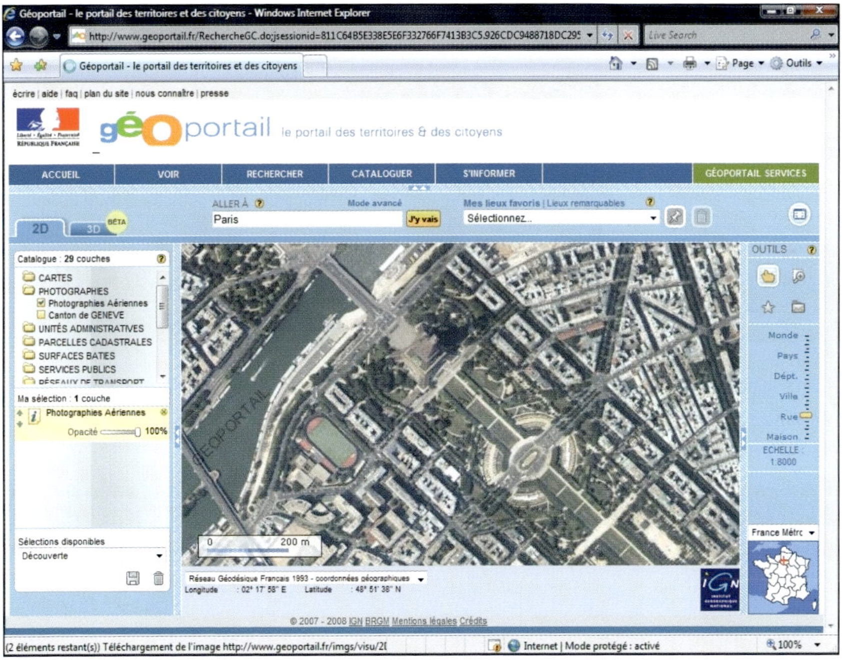

Google propose aujourd'hui un logiciel gratuit pour accéder à des images satellites du monde entier. Ce logiciel est disponible à l'adresse `earth.google.fr`.

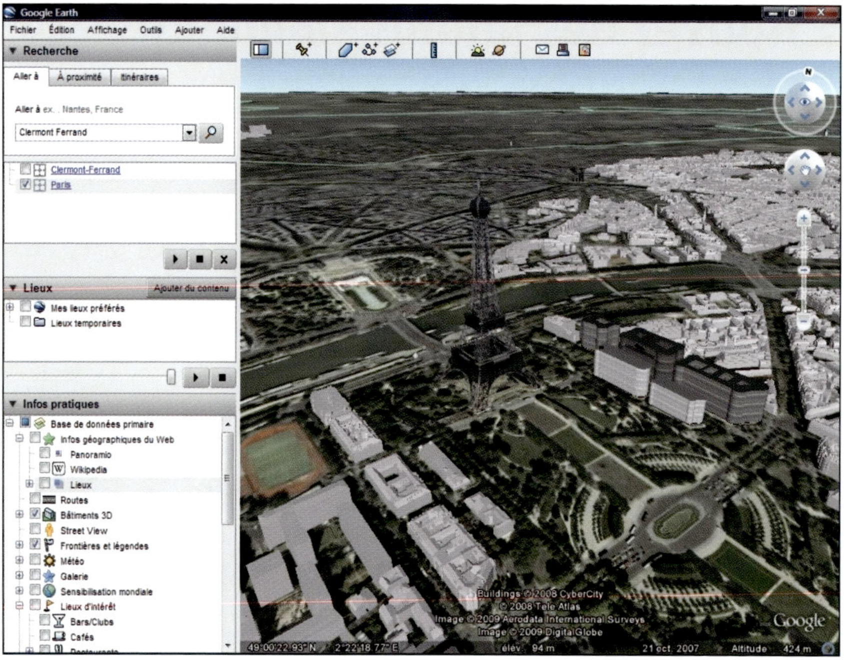

Point intéressant, des éléments géographiques comme les routes, les transports, les sites peuvent se superposer à ces photos. Il est alors plus facile de retrouver un point précis.

Pour apprécier la puissance du logiciel, faites un test simple : placez-vous sur une ville, par exemple Paris, puis demandez à passer à une autre ville très éloignée, par exemple New York. Le déplacement entre les deux villes est très impressionnant.

Coup de loupe

La consultation des photos satellites sur Internet est très récente. Des améliorations importantes sont réalisées chaque jour, tant pour Google Earth que pour GéoPortail. Les vues en 2D seront remplacées par des vues 3D, la couverture sera plus importante et la résolution des images de meilleure qualité.

Utilisez les dictionnaires et encyclopédies

Les dictionnaires et les encyclopédies foisonnent sur Internet. Quel que soit le sujet qui vous intéresse, vous trouverez un dictionnaire adapté. Faites une recherche sur Google avec les mots-clés « dictionnaire » et votre sujet, par exemple « dictionnaire informatique ». Vous pouvez aussi utiliser le portail Dicorama (`www.dicorama.com`) pour trouver un lien vers l'un des 1 200 dictionnaires proposés).

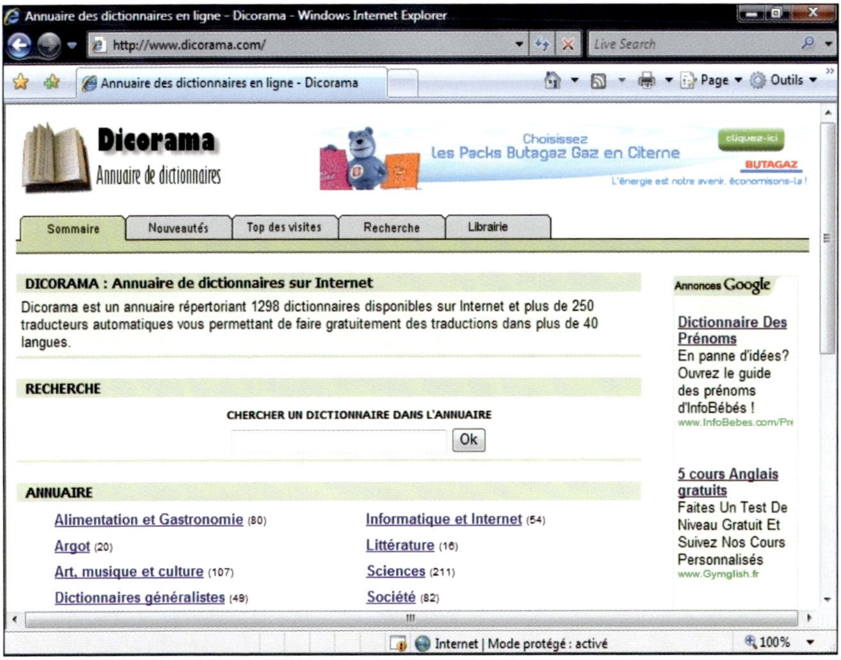

Il existe aussi des encyclopédies vivantes. Elles sont mises à jour et complétées quotidiennement par les internautes. C'est le cas de Wikipédia (`fr.wikipedia.org`). Si vous êtes un spécialiste dans un domaine précis, vous pouvez déposer un nouvel article. Vous pouvez aussi compléter des articles existants. Wikipédia propose actuellement plus de 750 000 articles en français, et plus de 11 millions dans 250 langues : une source inépuisable d'informations.

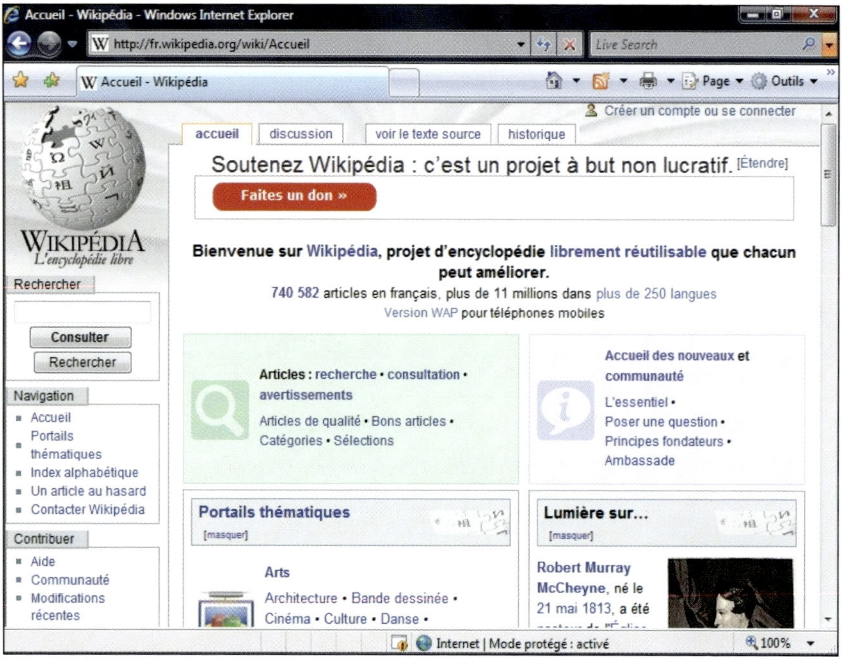

Recherchez d'anciens amis

Retrouver d'anciens amis du lycée, du service militaire ou d'un précédent travail, c'est ce que vous propose le site Copains d'avant (`www.copainsdavant.com`).

Il suffit de vous inscrire gratuitement en indiquant votre parcours (école, entreprise, club, association, *etc.*), de préciser les dates correspondantes et d'ajouter un texte de recherche. Il est aussi possible de déposer une photographie. Vous verrez ensuite la liste des personnes qui correspondent à votre parcours.

Parcourez l'actualité

Pour être toujours informé des derniers événements, consultez les sites Internet spécialisés. Outre les informations relatives à la télévision et à la radio (voir chapitre 3), la plupart des quotidiens et des hebdomadaires proposent un site avec les grands titres de l'actualité. Même le moteur de recherche Google propose un tel site.

Voici quelques sites d'actualité :

- ✓ `www.liberation.fr`
- ✓ `www.lemonde.fr`
- ✓ `www.lefigaro.fr`
- ✓ `www.nouvelobs.com`
- ✓ `www.ladepeche.com`
- ✓ `www.lexpansion.com`
- ✓ `news.google.fr`

Informations tous azimuts

Pour finir ce chapitre, je vous propose de découvrir un site remarquable, tant par sa qualité que par sa diversité.

L'Internaute est un magazine gratuit qui traite toutes sortes d'informations : actualité, arts, cuisine, météo, programmes TV, offres d'emploi, voyages, *etc.*

Je vous laisse le découvrir à l'adresse `www.linternaute.com`.

Chapitre 3

3

Profitez des richesses d'Internet

Dans ce chapitre

- ✓ Écoutez de la musique
- ✓ Visionnez des vidéos
- ✓ Écoutez la radio
- ✓ Téléchargez et achetez de la musique
- ✓ Téléchargez des fichiers sur le Web
- ✓ Publiez des photos

Le multimédia est probablement la partie la plus attirante d'Internet. Les nouvelles technologies permettent d'aller au-delà de la simple consultation d'images ou de vidéos. Vous pouvez dès à présent écouter les stations de radio du monde entier, regarder des chaînes de télévision ou vous offrir des séances de cinéma.

Écoutez de la musique

Même si Windows propose une alternative avec le Windows Media, le format RealMedia est devenu incontournable sur Internet. Il permet de lire des vidéos et des sons en continu : une petite partie du début du film ou du son est téléchargée, puis la lecture commence. La suite du film ou du son est téléchargée en même temps que vous regardez ou que vous écoutez les parties déjà chargées. On appelle cela le « streaming ».

Il est donc indispensable d'installer RealPlayer pour écouter de la musique ou regarder des vidéos, et ce, pour une grande majorité des sites web.

Installer RealPlayer

Le lecteur simple est téléchargeable gratuitement sur Internet (RealPlayer). La version complète est payante (RealPlayer Plus), mais elle permet de lire plus d'une cinquantaine de formats différents, dont les DVD. Elle permet aussi de graver des CD au format MP3.

1 Ouvrez le site `www.france.real.com`.

2 Téléchargez sur le site la dernière version de RealPlayer.

3 Suivez les instructions pour l'installation du logiciel.

Même la version simple permet de lire une foule de formats différents (images, sons et vidéo). Pour les connaître, cliquez le menu **Fichier** ▸ **Ouvrir** puis le bouton **Parcourir**. Cliquez la zone **Type de fichiers** pour lister ceux pris en charge.

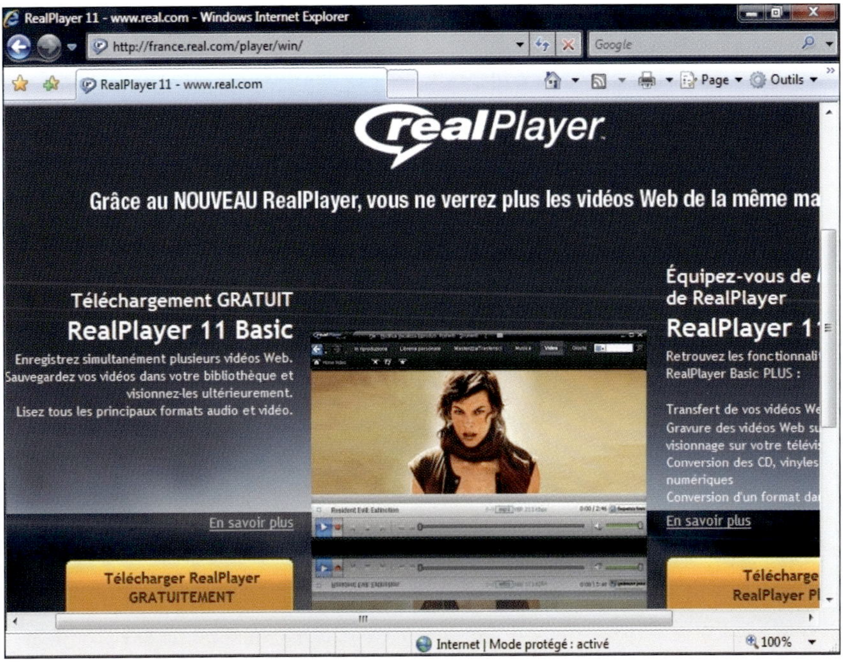

Écouter de la musique sur un site

Après l'installation du lecteur RealPlayer, vous pouvez écouter de la musique à partir de la plupart des sites. Les autres formats sont pris en charge par le lecteur par défaut, Windows Media.

1 Recherchez une page qui propose de la musique.

2 Cliquez le lien pour lancer la lecture.

Dans le cas d'un format Real Media, la musique est lue dans une fenêtre séparée, proposant parfois une image correspondant au morceau écouté. Cependant, certains sites intègrent directement le lecteur dans la page web.

Le lecteur s'utilise comme un lecteur habituel de CD ou de DVD : pilotez l'écoute des musiques, mais aussi le visionnage des vidéos, avec les boutons lecture, pause, etc.

Coup de loupe

Certains sites proposent plusieurs qualités d'enregistrement qui correspondent à la vitesse de votre modem (28 k ou 56 k pour un modem classique, 256 k ou 512 k pour le câble ou l'ADSL). Choisissez une vitesse raisonnable par rapport à la vitesse de votre ligne Internet pour que la musique ou la vidéo soit fluide. Avant de commencer la lecture, une partie de la musique ou de la vidéo est chargée en mémoire. Soyez patient !

Visionnez des vidéos

Comme pour la musique, les sites proposent des vidéos. Les chaînes de télévision mettent à votre disposition des émissions déjà diffusées, et particulièrement les journaux télévisés. Vous pouvez donc regarder votre émission préférée à l'heure qui vous convient, et bénéficier de l'information télévisuelle en continu comme avec le câble ou le satellite.

Avec l'arrivée de l'ADSL, cette technologie devrait prendre un essor important et engendrer la naissance d'une multitude de sites proposant des émissions de télévision et des films.

Regarder la télévision

Outre les chaînes nationales, Internet met à votre portée des dizaines de chaînes de télévision dans les domaines les plus variés et dans toutes les langues. Si vous êtes à l'étranger, vous pouvez suivre vos émissions préférées ou vous maintenir au courant de l'actualité de votre pays. Pour les chaînes payantes, vous devez souscrire un abonnement, généralement au mois, au trimestre ou à l'année.

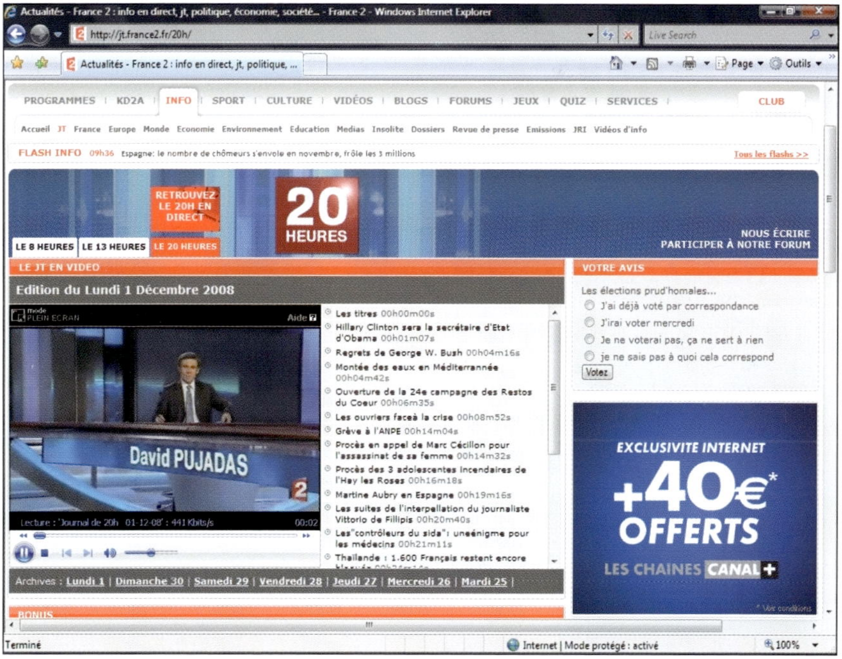

Voici la liste des sites des chaînes hertziennes nationales :

- ✓ `www.tf1.fr`
- ✓ `www.france2.fr`
- ✓ `www.france3.fr`
- ✓ `www.canalplus.fr`
- ✓ `www.france5.fr`
- ✓ `www.arte-tv.com`
- ✓ `www.m6.fr`

Projeter des films

Et si vous alliez au cinéma ! Maintenant, avec Internet, vous pouvez regarder les films récents sans vous déplacer. Là aussi il est nécessaire d'avoir une connexion haut débit ADSL ou câble (512 Kbits).

Le principe est simple : vous vous inscrivez, vous téléchargez les films de votre choix puis vous les regardez dans les 24 heures. À titre d'exemple, sur le site `www.canalplay.com`, un film récent coûte 4,99 € et un film plus ancien 3,99 €.

Regarder des vidéos gratuitement

Certains sites proposent des vidéos à lire directement dans Internet Explorer. C'est le cas de YouTube (`www.youtube.com`) qui met à votre disposition des millions de vidéos partagées par les internautes du monde entier. Faites simplement une recherche sur le site des sujets qui vous intéressent.

Voici d'autres sites qui proposent ce type de service :

- ✓ `www.dailymotion.com/fr`
- ✓ `video.google.fr`
- ✓ `fr.video.yahoo.com`

Écoutez la radio

Vous désirez écouter les radios françaises que vous ne captez pas habituellement, voire les radios du monde entier ? Aujourd'hui, la quasi-totalité des stations de radio ont leur propre site web. Vous pouvez donc les écouter en direct avec votre PC *via* votre connexion Internet. Il existe même des stations de radio qui n'« émettent » que sur Internet.

1 Tapez **windowsmedia.com/radiotuner** dans la barre d'adresse et validez avec **Entrée**.

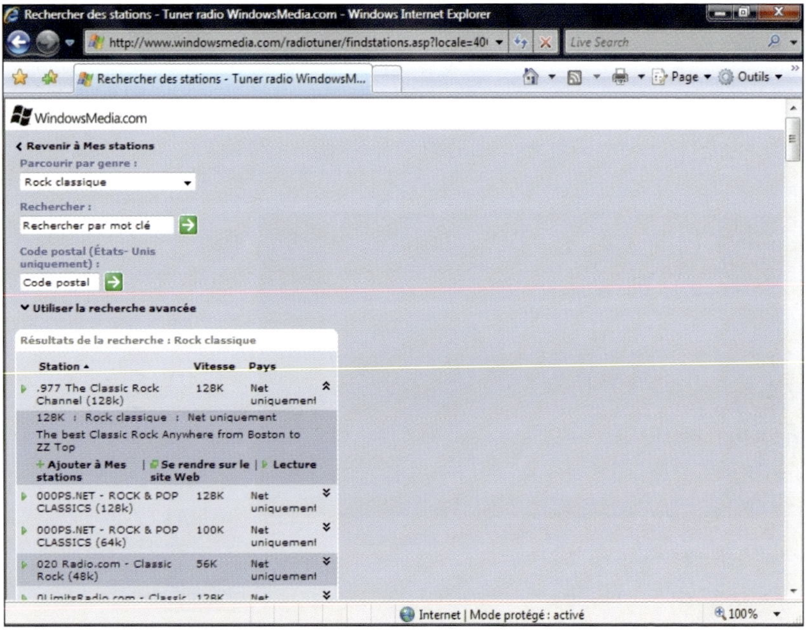

Le site correspondant s'affiche.

2 Cliquez la station de radio à écouter.

3 Cliquez le lien **Lecture** ou le lien **Se rendre sur le site Web**.

Toutes les radios ne sont pas proposées par le site Windowsmedia.com. Pour écouter d'autres radios, effectuez des recherches avec Internet Explorer et le moteur de recherche `www.google.fr`. Tapez, par exemple, les mots-clés « Radio FM Rire Chansons » pour trouver la radio Rire & Chansons.

Les sites des radios proposent généralement un lecteur personnalisé. Ce dernier offre l'avantage de vous donner des informations sur la musique que vous écoutez actuellement (nom du groupe ou du chanteur, nom du morceau, pochette d'album, date des prochains concerts, *etc.*).

Téléchargez et achetez de la musique

Internet est une mine d'or pour les audiophiles. On peut y trouver « presque » toutes les musiques, dans tous les genres et de toutes les époques. Vous trouverez dans les paragraphes qui suivent tous les moyens mis à votre disposition pour télécharger des titres sur les sites commerciaux et les sites gratuits.

Acheter de la musique sur Internet

Les sites de vente de musique sur Internet sont une alternative à l'achat de CD audio. Comme il n'y a plus de support physique, les prix sont logiquement inférieurs. Nous disons « logiquement », car certains marchands pratiquent des tarifs élevés, et il n'est pas rare de constater que le téléchargement de tous les morceaux d'un album revient plus cher que le CD audio lui-même !

Pour vous aider à faire vos choix, nous répertorions ici les sites les plus connus en présentant leurs avantages et leurs inconvénients, ainsi que les tarifs pratiqués.

Virgin Megastore : www.virginmega.fr

Simple d'emploi et très complet, le site de Virgin Megastore propose plus de deux millions de titres. Les albums complets sont à 9,99 € et chaque titre à 0,99 €. Vous pouvez écouter les trente premières secondes de chaque titre.

Les fichiers téléchargés sont au format WMA protégé en DRM. La protection limite à cinq transferts vers un baladeur ou un autre ordinateur et à sept gravures sur CD.

Coup de loupe

Le DRM (*Digital Rights Management*) est un système de protection contre la copie des fichiers musicaux achetés sur Internet. Les fichiers WMA utilisent cette technologie.

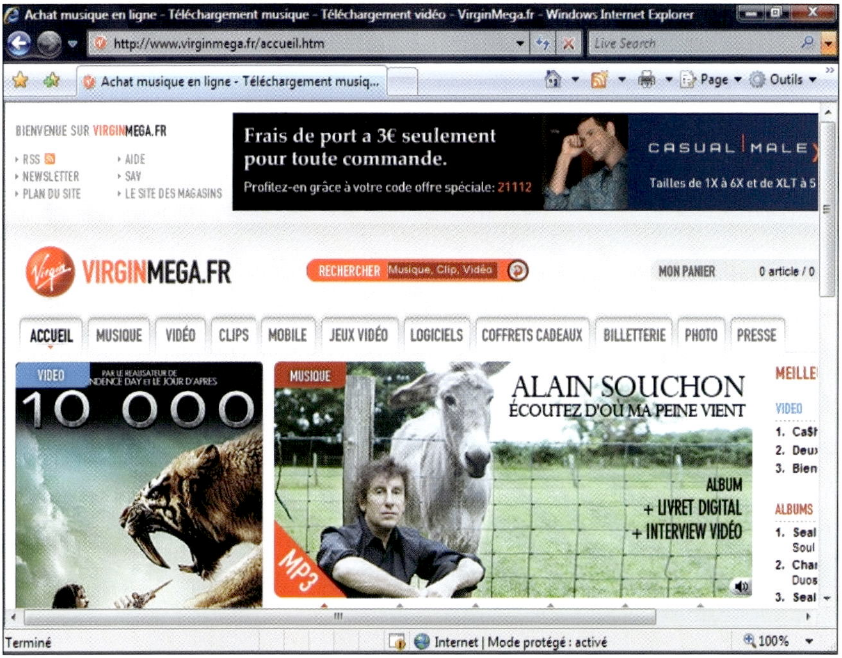

Fnac Music : www.fnacmusic.com

Le site de la Fnac ne se distingue pas des autres sites et propose des prix presque identiques : 0,99 € le titre et 9,99 € pour un album. Quelques formules permettent de grappiller des centimes, comme le pack de vingt titres ou deux albums à 18,99 €, ou celui de cinquante titres ou cinq albums à 44,99 €. Pour une écoute illimitée en streaming, il vous en coûtera 9,99 € par mois.

eCompil : www.ecompil.fr

Le site e-Compil propose des formules moyennement attrayantes au niveau du coût, mais qui peuvent intéresser certains : forfaits pour dix titres par mois à 8 € ou vingt titres par mois à 15,50 €. L'abonnement vous engage pour six mois. Il propose aussi des formules sans engagement pour vingt titres à 18 € et cinquante titres à 44 €. Les morceaux téléchargés sont gravables sur CD ou transférables sur baladeur.

Magnatune : www.magnatune.com

Ce site de téléchargement est très intéressant par sa formule : vous téléchargez un album, et vous payez le prix que vous désirez (entre 4 € et 14 € avec un prix conseillé de 6 €). 50 % du prix d'achat est reversé aux artistes (dans l'industrie du disque, les droits sont de 9 % !). Vous pouvez écouter gratuitement l'intégralité des albums, et ce, dans une très bonne qualité (MP3 128 Kbit/s à 44 kHz). Les fichiers en téléchargement sont proposés dans les formats les plus courants et sans aucune restriction : MP3, WAV, *etc.*

Bien sûr, le catalogue est assez réduit, mais il permet d'écouter des artistes peu connus.

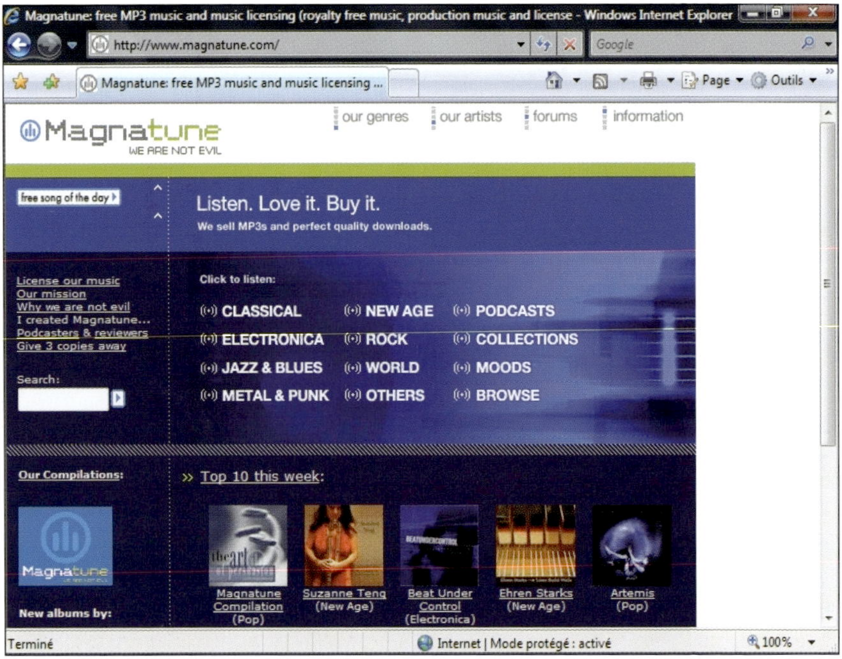

Écouter ou télécharger des musiques gratuitement

Il existe des sites qui proposent de télécharger gratuitement des musiques. Cela est tout à fait légal puisque le partage est fait avec l'autorisation des artistes. C'est pour eux un moyen de se faire connaître, autant du grand public que des maisons de disques.

Winamp : www.winamp.com

Winamp ne se contente pas de proposer le lecteur de MP3 le plus populaire (que vous pouvez télécharger gratuitement sur le site). Il offre en plus des pages de téléchargement de musiques. Les fichiers sont proposés en MP3 en 20 Kbit/s ou 96 Kbit/s.

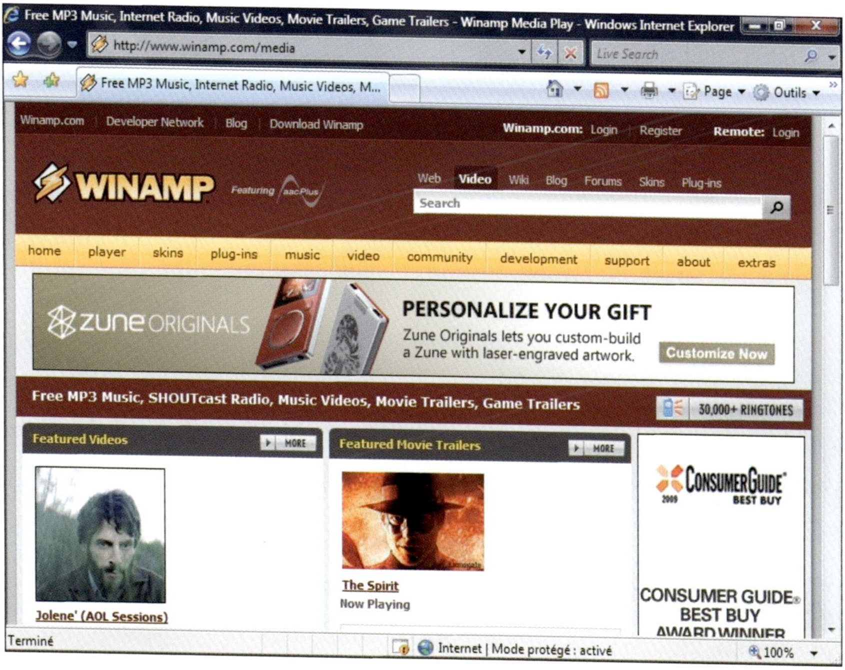

MP3.com : www.mp3.com

Ce site répertorie les musiques disponibles en téléchargement et propose quelques titres que vous pouvez écouter gratuitement. La lecture s'effectue avec Windows Media dans une fenêtre d'Internet Explorer (généralement avec une publicité). Pour les téléchargements, vous êtes redirigé vers des sites comme iTunes Music Store, Musicmatch ou Napster.

Sites des artistes

Certains artistes mettent à votre disposition leurs œuvres sur le site qui leur est dédié. Faites une recherche avec Google pour trouver le site de votre groupe ou de votre chanteur préféré, mais peu connu, et vérifier les téléchargements possibles.

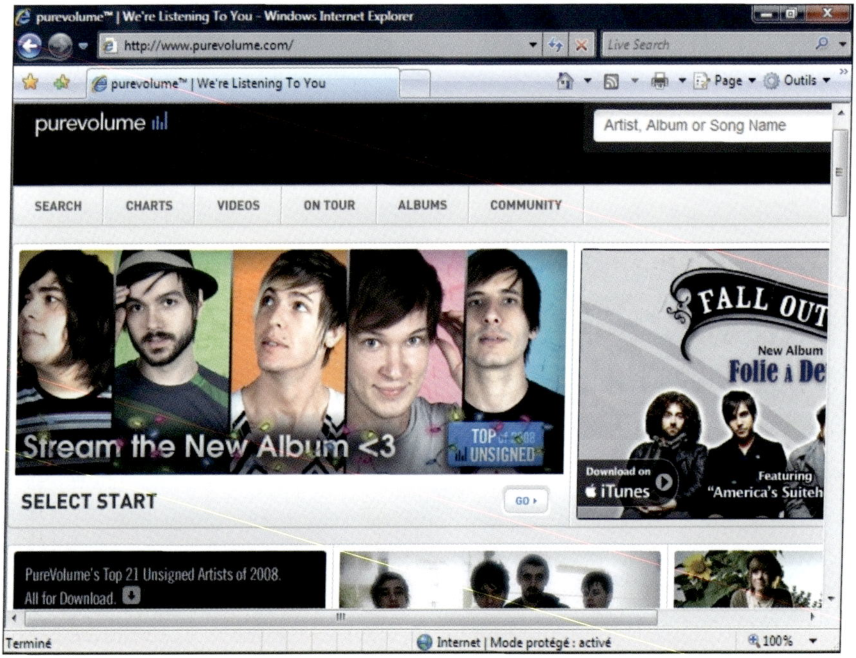

Téléchargez des fichiers sur le Web

Dans des temps plus reculés, les téléchargements s'effectuaient à partir de sites spécialisés : les sites FTP (*File Transfer Protocol*). Pour simplifier la procédure de téléchargement, les sites web permettent aujourd'hui d'enregistrer des fichiers sur votre disque dur ou d'ouvrir directement des documents.

1 Recherchez sur le Web le fichier à télécharger (musique, vidéo, programme, *etc.*).

2 Cliquez du bouton droit le lien de téléchargement.

3 Cliquez **Enregistrer la cible sous** dans le menu contextuel pour enregistrer le fichier sur votre disque dur. Vous pouvez aussi cliquer la commande **Ouvrir** pour exécuter le programme ou ouvrir le document dans l'application appropriée.

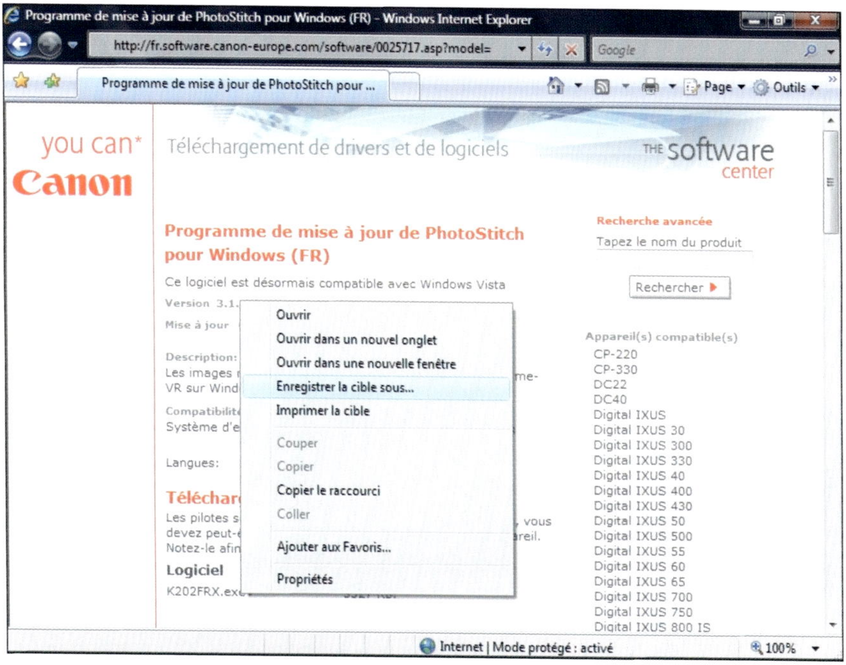

Si vous avez choisi d'enregistrer la cible, une boîte de dialogue s'ouvre pour définir l'emplacement du fichier sur votre disque dur.

1 Sélectionnez le dossier de destination dans le volet de navigation.

2 Tapez le nom du fichier dans la zone **Nom du fichier**. Vous pouvez aussi conserver le nom d'origine.

3 Cliquez le bouton **Enregistrer**.

Le fichier est téléchargé, puis enregistré. Une boîte affiche la progression de l'opération.

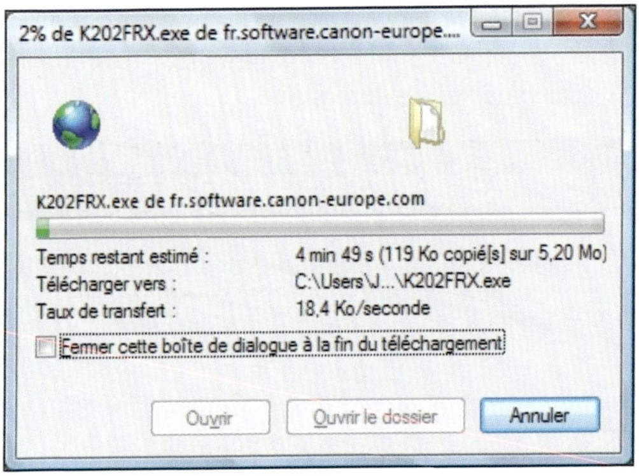

Coup de main

Vous pouvez télécharger d'autres fichiers sans attendre la fin du téléchargement des premiers. Plusieurs boîtes s'ouvriront. Cela permet d'utiliser au maximum la connexion Internet.

Si vous avez cliqué directement un lien ou un bouton, Internet Explorer affiche une boîte pour choisir l'action à effectuer. Cela concerne essentiellement les programmes (fichiers avec l'extension .exe) ou les documents non reconnus. Certains fichiers comme les vidéos ou les musiques s'ouvrent directement dans le lecteur Windows Media ou RealPlayer, sans vous proposer de les enregistrer.

Cliquez le bouton **Exécuter** ou **Enregistrer**, selon l'action désirée.

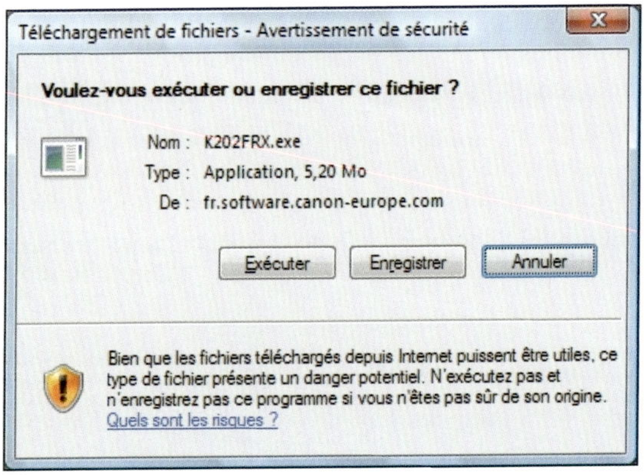

Coup de main

Il est préférable d'utiliser le bouton droit pour avoir le choix de l'action à effectuer. Si vous avez des doutes sur le contenu du fichier à télécharger, enregistrez-le, puis vérifiez-le avec un logiciel antivirus. Si votre logiciel antivirus tourne en tâche de fond, le fichier sera vérifié automatiquement dès l'enregistrement.

Publiez des photos

Si vous désirez mettre vos photos à la disposition de vos proches et de vos amis, il existe sur le Web des dizaines de sites qui sont prêts à vous héberger. L'avantage de ces sites commerciaux est de proposer 100 Mo, 200 Mo voire 400 Mo pour le stockage de vos clichés. Chacun pourra les consulter et, bien sûr, en demander un tirage papier moyennant quelques euros.

Les photos peuvent provenir d'un appareil numérique ou de tirages argentiques préalablement scannés.

Voici quelques sites qui proposent ce service :

- ✓ `www.photoweb.fr`
- ✓ `www.photoreflex.com`
- ✓ `www.photostation.fr`
- ✓ `www.photoservice.com`
- ✓ `www.photoways.com`
- ✓ `www.photosapiens.com`

Coup de main

Pour échanger des fichiers avec d'autres personnes, utilisez une messagerie instantanée comme Windows Live Messenger. Consultez pour cela le chapitre 6.

Chapitre 4

Achetez et vendez sur Internet

Dans ce chapitre

- ✓ Effectuez des achats en ligne
- ✓ Comparez les prix
- ✓ Gagnez de l'argent sur vos achats
- ✓ Gagnez de l'argent sans acheter
- ✓ Achetez et vendez aux enchères

Le *merchandising* sur Internet prend une ampleur sans cesse croissante. La vente par correspondance (VPC) *via* le Web permet, de la grande entreprise au petit artisan, de toucher un plus grand nombre d'acheteurs y compris à l'étranger. Toutes les grandes enseignes, même celles qui ont pignon sur rue, proposent leur site. Pour l'internaute, cela permet de disposer d'un plus grand choix et de comparer rapidement les produits disponibles sur le marché. C'est aussi un formidable moyen de faire des affaires et de réaliser d'importantes économies.

Effectuez des achats en ligne

L'achat sur Internet est devenu monnaie courante. Des millions de transactions sont effectuées chaque jour. Les risques ne sont pas plus importants que pour des achats traditionnels par correspondance.

Faire son shopping

La majorité des sites de vente propose des liens vers des catégories de produits. Ce sont généralement des onglets qui se trouvent en haut ou à gauche de chaque page visitée. Ils vous dirigent vers le magasin concerné. Comme certains sites offrent des produits très disparates, cette première sélection est indispensable. Le site de la figure ci-après propose aussi bien des produits high-tech que du prêt-à-porter.

Si vous avez une idée bien précise, utilisez le moteur de recherche, soit avec la catégorie du produit, par exemple « téléphone DECT », soit avec la référence exacte, par exemple « Avena 135 ».

Une fois que vous avez trouvé le bon produit, cliquez le bouton d'achat pour l'ajouter à votre panier ou votre caddie. Continuez ensuite vos recherches sur le site pour ajouter d'autres marchandises.

Régler ses achats

Dès que votre panier est complet, vous pouvez passer à la caisse pour régler vos achats. Cliquez le bouton ou le lien correspondant pour vérifier la liste de vos courses.

Vous pouvez à tout moment supprimer des articles, modifier les quantités ou en ajouter de nouveaux en revenant dans les pages du site.

Avant de passer aux étapes suivantes, vérifiez bien que la liste correspond à vos souhaits (quantité, prix, montant total de la commande, *etc.*). Vérifiez surtout que le marchand n'a pas ajouté des prestations non désirées, comme des assurances ou des prolongations de garantie.

La plupart des sites ajoutent des frais de port. Vérifiez avec soin leur montant, surtout pour des achats à l'étranger ou de petites commandes. Les frais de port peuvent parfois dépasser le montant des articles.

Coup de main

Tant que vous n'avez pas saisi vos coordonnées et confirmé votre commande avec un moyen de paiement, vous pouvez quitter le site. Vous ne serez ni livré, ni facturé.

Payer en ligne

Le paiement en ligne est probablement l'élément qui freine le plus les internautes pour effectuer leurs achats. Or, aujourd'hui, les transactions sont sécurisées. Cela veut dire que votre numéro de carte est crypté avant d'être expédié au marchand ou à la banque qui réalise la transaction. Effectuer un achat par téléphone est beaucoup plus risqué que par Internet.

Vous devez donc vous assurer que la transaction est bien sécurisée avant de saisir votre numéro de carte. Vous trouverez l'icône suivante à droite de la barre d'adresse d'Internet Explorer 7 : .

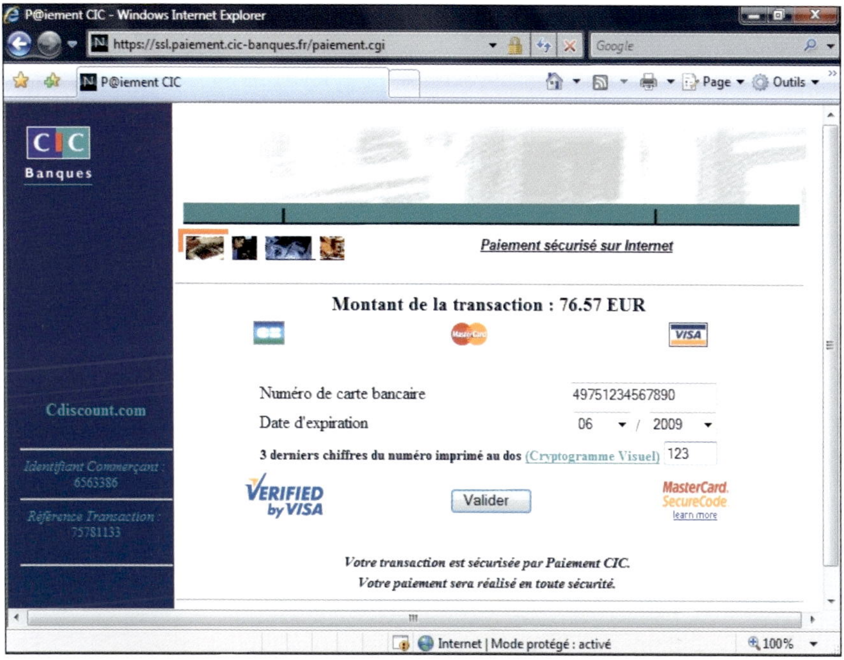

Si vous utilisez un autre navigateur ou une version précédente d'Internet Explorer, vous trouverez une des icônes suivantes dans la barre d'état (ligne en bas de la fenêtre) : . Dans tous les cas, si aucune de ces icônes ne s'affiche, la transaction n'est pas sécurisée. Ne saisissez pas dans ce cas votre numéro de carte bancaire et renseignez-vous auprès du site.

Coup de main

À aucun moment vous ne devez donner le numéro de code de votre carte bancaire. Votre code secret ne doit être utilisé que pour des transactions *via* une machine (distributeur de billets, terminal de magasin, *etc.*). Même votre banquier ne peut l'obtenir ni vous le demander.

Si vous ne désirez pas utiliser votre carte bancaire, les sites proposent généralement d'autres moyens de paiement (chèques, virements, *etc.*). Cela retarde cependant la livraison de votre commande.

Suivre ses commandes

Les sites marchands proposent un service intéressant : le suivi en temps réel du traitement de votre commande. Vous pouvez connaître à tout moment le bon déroulement des opérations : disponibilité des produits, préparation du colis, expédition, *etc.* Vous recevrez probablement des courriels de confirmation de commande et d'expédition des marchandises.

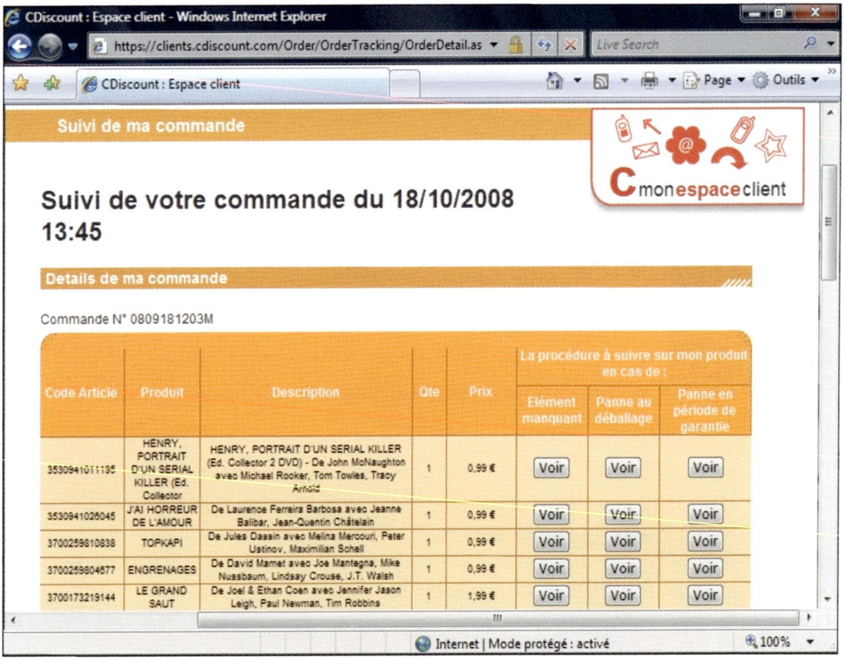

Après l'expédition, c'est le site du transporteur qui prend le relais. Par exemple, pour une expédition par La Poste, il suffit de donner le numéro du colis fourni par le vendeur pour connaître toutes les phases de son acheminement.

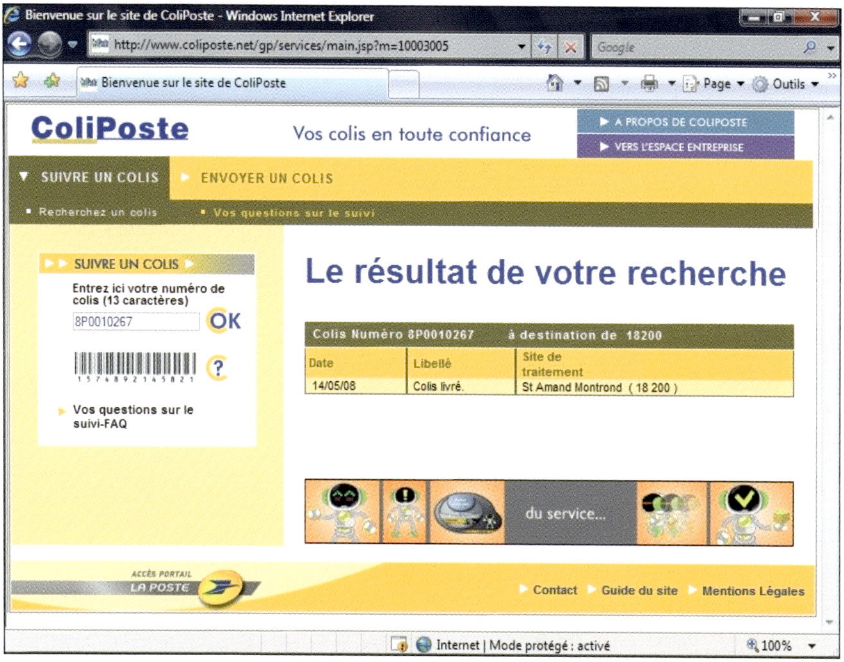

Comparez les prix

Pour trouver le meilleur prix d'un article, consultez les sites de comparaison. Ils effectueront pour vous des recherches sur le Web et vous donneront des informations sur la qualité des prestations des vendeurs.

Rechercher des produits

Les sites de comparaison sont généralement spécialisés par produit (électroménager, voyages, informatique, DVD, *etc.*). Pour trouver ces sites, utilisez le moteur de recherche Google, avec les mots-clés « comparateur prix » puis le type de matériel, par exemple « comparateur prix dvd » ou « comparateur prix ordinateur ». La recherche des meilleurs prix sur Internet étant devenue un « sport international », vous trouverez des dizaines de sites vous proposant ce service.

Coup de main

Les sites de comparaison sont rémunérés par les sites de ventes. Méfiez-vous des comparateurs qui proposent peu de vendeurs et toujours les mêmes. Ces sites ne jouent pas le jeu : ils ne proposent que les vendeurs qui leur reversent la meilleure commission, pas forcément ceux qui offrent les meilleurs prix à l'acheteur.

Tous les comparateurs proposent un moteur de recherche. Tapez simplement les références du produit pour obtenir une liste des vendeurs et de leurs prestations (prix, frais de port, disponibilité, *etc.*).

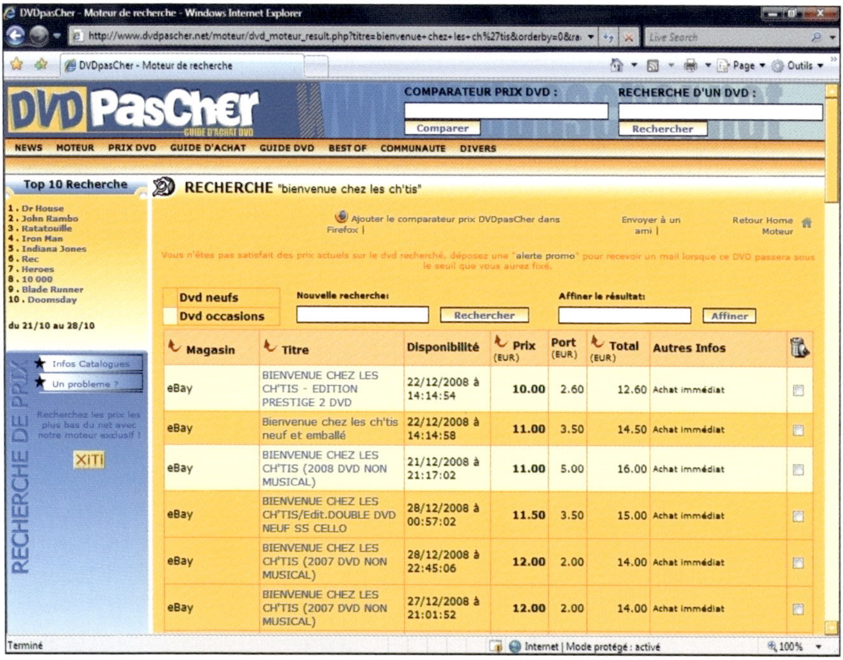

Vérifier la qualité des prestations des vendeurs

La plupart des sites de comparaison laissent la possibilité à leurs visiteurs de déposer des appréciations sur le déroulement de leurs achats. Cela permet aux visiteurs suivants d'éviter certains vendeurs qui ne respectent pas leurs engagements.

Il existe aussi des organismes dont le but est de vérifier la qualité des prestations des marchands et qui vous aident dans vos démarches en cas de litige. C'est le cas du site www.fia-net.com. En achetant des produits sur les sites participant au programme FIA-NET, vous bénéficiez automatiquement et gratuitement d'un certain nombre de services : paiement sécurisé, accès aux performances du site, service de médiation en cas de litige, *etc.* C'est le commerçant qui paie pour se soumettre aux analyses de FIA-NET et ainsi faire la preuve de la qualité de ses services à ses visiteurs. C'est donc pour vous un gage de sécurité supplémentaire.

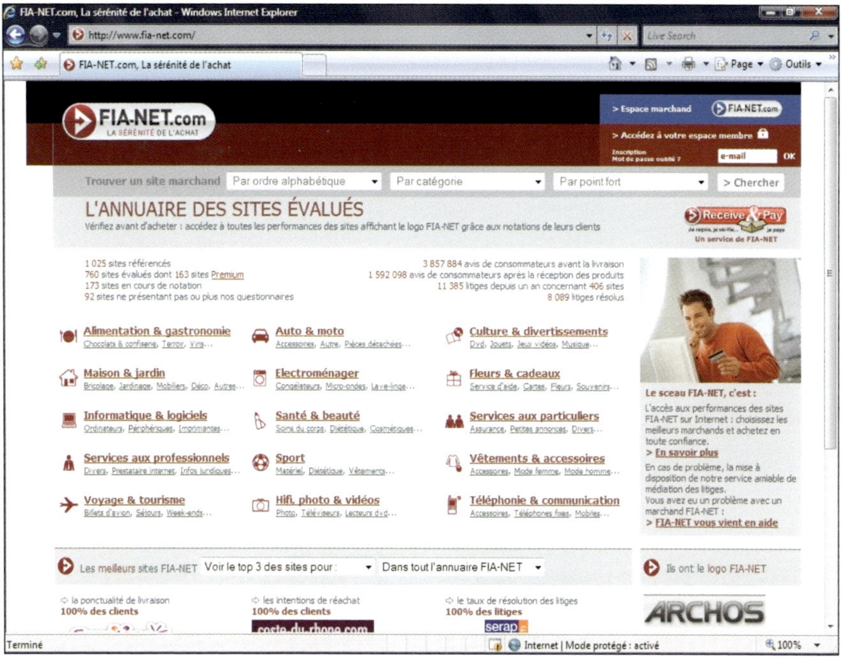

Si FIA-NET protège le consommateur, il protège aussi le marchand contre les fraudes à la carte bancaire et l'usurpation d'identité. Lors de votre premier achat, vous devrez fournir certains documents directement à FIA-NET (copie de carte d'identité, RIB, *etc.*).

Gagnez de l'argent sur vos achats

En passant par un programme de fidélité avant d'effectuer vos achats, vous pouvez obtenir des réductions substantielles. Ces réductions se cumulent sous forme de points échangeables contre des produits (électroménager, abonnements à des magazines, DVD, *etc.*), des bons d'achat pour les sites partenaires, voire des chèques bancaires.

Le plus connu est `Maximiles.com`. Avant de passer une commande sur Internet, vérifiez sur ces sites s'ils ne proposent pas de lien vers le marchand de votre choix. La plupart des grands sites sont proposés : Alapage, Amazon, CDiscount, Dell, Voyages-sncf, *etc.* Vous pourrez gagner de 1 à 10 % sur vos achats.

Bien sûr, toutes les grandes sociétés proposent leur propre programme de fidélité. C'est le cas des compagnies aériennes, des loueurs de voitures, des chaînes d'hôtels, *etc.* Si vous utilisez régulièrement leurs services, inscrivez-vous sur leur site.

Beaucoup de sites appliquent des réductions moyennant des codes. Pour obtenir ces derniers, effectuez des recherches sur Google avec le mot-clé « code » puis le nom du marchand. Les codes de réduction sont à saisir lors du paiement de votre commande.

Vous trouverez des codes de réduction sur les sites suivants :

- ✓ `www.code-reduction.fr`
- ✓ `www.ebuyclub.com`
- ✓ `www.ma-reduc.com`

- ✓ www.code-de-reduction.net
- ✓ www.radins.com
- ✓ www.codepromo.com
- ✓ www.rembourser.com
- ✓ www.achetergagnant.com

Gagnez de l'argent sans acheter

Les programmes de fidélité proposent aussi des moyens de vous rémunérer sans effectuer d'achat. Ils expédient des courriels publicitaires dont la lecture vous donne des points supplémentaires, sans pour autant passer de commande.

Autre solution très rémunératrice : les sociétés de sondages. Vous répondez régulièrement à des questionnaires pour gagner des points qui sont déposés sur le compte de votre programme de fidélité, convertis en chèques-cadeaux, voire en chèques bancaires.

Achetez et vendez aux enchères

Que vous cherchiez un produit neuf ou d'occasion, vous pouvez faire des affaires grâce aux enchères sur le Web.

Le principe est simple. Des internautes mettent en vente des objets, avec descriptions et photos à l'appui, et définissent le prix de départ et la durée de mise en vente (entre 3 et 10 jours). Les acheteurs intéressés enchérissent sur le prix initial. À la fin du délai de mise en vente, le dernier enchérisseur remporte le produit.

Si eBay est le plus connu (`www.ebay.fr`), il en existe beaucoup d'autres : `www.onatoo.com`, `www.enchernet.com`, `www.freebazar.net`, *etc.* Vous en trouverez d'autres avec les mots-clés « site enchère » sur Google.

Avant de vous lancer dans les enchères, vérifiez que le produit correspond bien à vos attentes : description de l'objet, neuf ou d'occasion avec des défauts, photos, mode de paiement, frais de port, moyen de paiement, localisation géographique, etc.

Mais le plus important est de vérifier la réputation du vendeur. Pour chaque transaction, les acheteurs laissent une évaluation et un court résumé. Vous pouvez donc d'un seul coup d'œil juger de la qualité de votre interlocuteur.

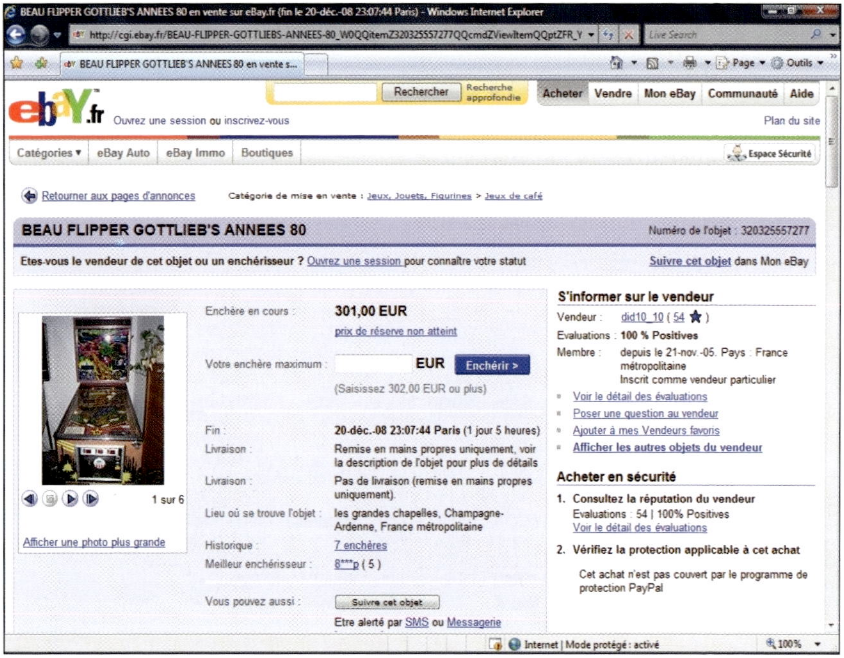

On trouve aussi sur eBay des achats immédiats. Ce sont des ventes directes sans enchère. Cela permet à des petits commerçants de vendre sur Internet sans créer leur propre site dont la gestion est compliquée quand elle nécessite des paiements en ligne.

Pour une plus grande sérénité dans vos achats, préférez les moyens de paiement sécurisés comme PayPal. Évitez les paiements par chèque, et surtout les virements *via* un organisme comme Western Union.

Coup de main

Si vous désirez effectuer des achats sur eBay ou un autre site d'enchères, lisez en priorité le chapitre 5 « Évitez les pièges d''Internet ».

Chapitre 5

Évitez les pièges d'Internet

Dans ce chapitre

- ✓ Carte bancaire
- ✓ Hameçonnage
- ✓ Sites d'enchères
- ✓ Spams
- ✓ Faux en tout genre et produits interdits
- ✓ Déjouez les hoax

Les escroqueries ont toujours existé. Internet n'est qu'un nouveau terrain pour les filous en tout genre. Force est de constater qu'ils ne manquent ni de ressources ni d'imagination.

Les pièges sont un peu partout : sur le Web, dans les courriels, dans les achats, sur les sites d'enchères…

Ce chapitre fait un tour d'horizon, non exhaustif, des moyens employés pour vous faire tomber dans les pièges des escrocs.

Carte bancaire

La fraude à la carte bancaire est un grand classique. En possession des coordonnées de votre carte (numéro, date d'expiration, *etc.*), les escrocs passent des dizaines de commandes à votre place. Ces informations sont récupérées de différentes façons : piratage des sites de vente, hameçonnage (voir ci-après), *etc.*

Mais pour recevoir la marchandise, il est nécessaire de donner un nom et une adresse. Il existe plusieurs solutions pour contourner le problème. En voici deux. Le voleur donne un faux nom mais la véritable adresse d'un bâtiment abandonné. Il ne lui reste plus qu'à attendre le facteur tous les jours pour réceptionner les colis. L'autre solution nécessite un complice : le facteur lui-même, généralement dans un petit village. Les noms et adresses sont faux, mais le postier sait ce qu'il doit intercepter et donner à l'escroc directement.

Le temps de vous apercevoir de la supercherie, d'en informer votre banque et le site de vente, il s'écoulera plus d'une quinzaine de jours voire un mois. Le voleur a disparu dans la nature depuis longtemps…

Hameçonnage

Le « phishing », ou « hameçonnage », consiste à obtenir des informations sur vous-même et sur votre carte de crédit. Cela permet aux escrocs d'effectuer des achats à votre place.

La technique est simple : un courriel de votre banque vous signale que, pour des raisons de sécurité, votre compte ou votre carte seront bloqués si vous ne saisissez pas les informations nécessaires. Le courriel comprend tout ce qui est nécessaire pour vous faire croire à un vrai message de votre banque : logo (récupéré sur le site même de la banque), informations légales, lien vers le site officiel, *etc.*

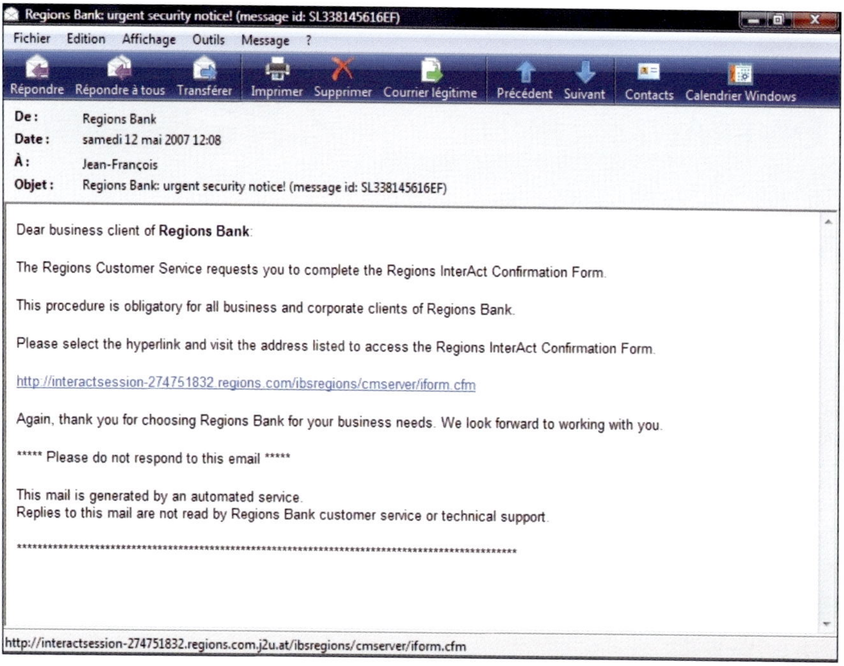

Dans l'hameçonnage de la figure ci-dessus, il y a bien un lien vers le site d'une banque. Mais si vous pointez ce lien, la barre d'état vous indique l'adresse exacte : il s'agit de l'adresse… d'un site pirate !

Dans l'exemple de la figure ci-après, le formulaire demande vos numéros de compte et vos mots de passe : de quoi faire n'importe quels virements de compte à compte ! Aucune banque ne demande ces renseignements, pour la simple raison qu'elle les connaît déjà.

Notez aussi que dans cet exemple, nous avons pointé le lien « Terms and Conditions ». La barre d'état indique que le lien vous redirige vers le site officiel de cette banque. Une idée des pirates pour détourner l'attention des internautes.

Bien sûr, la banque concernée par cet hameçonnage réagit directement sur son site, et y consacre plusieurs pages.

Certains *phishings* débordent le cadre des informations de votre carte bancaire ou de vos numéros de comptes. Ainsi, il peut vous être demandé votre adresse, votre date et votre lieu de naissance, votre adresse actuelle, voire votre numéro de Sécurité sociale ! Avec ce type de renseignements, les escroqueries peuvent aller très loin.

Il existe maintenant une nouvelle forme de *phishing*. Un courriel vous demande de composer un numéro de téléphone. Une boîte vocale vous invite alors à taper votre numéro de carte bancaire, le cryptogramme visuel, *etc.* Avec ce système, les pirates n'ont même plus besoin de créer de faux sites.

Si l'essentiel du *phishing* concerne les banques américaines, les banques françaises ne sont pas pour autant épargnées. Si vous recevez un courriel de ce type, prévenez immédiatement votre banque pour qu'elle prenne les dispositions nécessaires.

Fausse commande

Voici une autre forme de *phishing*. Vous recevez un courriel confirmant la livraison d'un matériel très cher que vous n'avez pas commandé. Le courriel propose un numéro de téléphone pour tous renseignements complémentaires (un numéro de portable évidemment). Si vous téléphonez, l'opérateur vous proposera d'annuler la commande, mais pour cela vous devrez d'abord fournir votre numéro de carte bleue et le cryptogramme visuel. Si vous n'avez pas masqué votre numéro de téléphone, l'escroc connaît en plus vos nom et adresse grâce à l'annuaire inversé !

Ce système fonctionne aussi avec la loterie. Un courriel vous annonce que vous venez de gagner un million d'euros. Pour virer l'argent, on vous demande simplement votre numéro de compte et celui de votre carte bancaire...

Activer l'anti-hameçonnage d'Internet Explorer

À partir de la version 7 (version installée avec Vista), Internet Explorer propose une solution pour éviter l'hameçonnage.

1 Ouvrez Internet Explorer (bouton **Démarrer** ▶ **Internet**).

2 Cliquez le menu **Outils** ▶ **Filtre anti-hameçonnage** ▶ **Activer la vérification automatique de sites Web**.

3 Cochez l'option **Activer le filtre anti-hameçonnage automatique**.

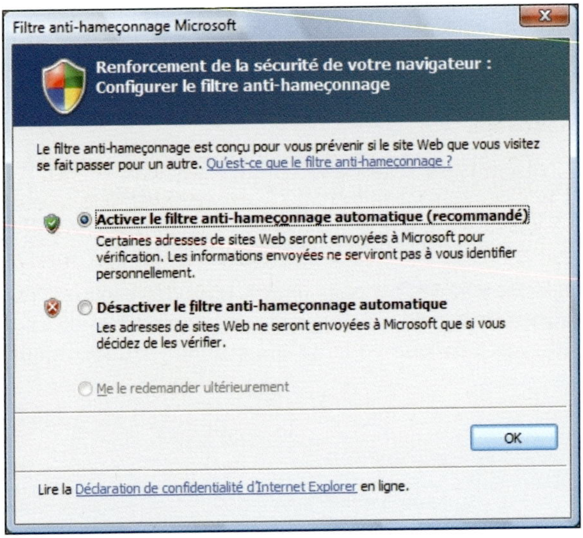

4 Cliquez le bouton **OK**.

Internet Explorer vérifie maintenant les sites que vous consultez et vous avertit en cas d'hameçonnage.

Coup de loupe

Pour éviter les courriers indésirables et l'hameçonnage dans votre messagerie, consultez le chapitre 9.

Sites d'enchères

Acheter aux enchères

Sur les sites d'enchères, vous achetez à une personne inconnue et qui n'a pas pignon sur rue (dans la majorité des cas). Vous payez le produit et vous attendez que le vendeur vous l'expédie. Autant dire que le risque est important.

Il est donc facile pour un escroc de mettre en vente un objet, à un prix très attrayant, d'attendre le paiement, et de ne jamais rien expédier. Son seul souci est d'encaisser votre argent sans laisser de trace.

Il existe essentiellement trois moyens de paiement : le virement par carte bancaire *via* un organisme comme PayPal, le chèque bancaire expédié par voie postale, ou le virement en argent liquide par un système comme Western Union (accepté par toutes les postes du monde).

Tant que le vendeur est en France ou dans un pays de l'UE, vous pouvez payer avec un chèque. Ce dernier laisse des traces car il n'est encaissable que sur un compte et n'est pas endossable. En dehors de l'Union européenne, vous prenez un risque. Les banques de certains pays n'exigent pas les mêmes garanties pour ouvrir un compte que dans nos contrées. Il est alors facile d'ouvrir un compte et de le clôturer quelques jours après.

Avec Western Union, vous pouvez payer le vendeur directement en liquide entre deux bureaux de poste, même à l'étranger. Si Western Union exige que le postier demande une pièce d'identité, ce n'est pas toujours le cas. Dans certains pays (en Europe de l'Est principalement), il est très facile de trouver un postier complice qui verse directement l'argent sans demander votre identité et touche ainsi une commission. Certains escrocs encaissent ainsi des dizaines de virements sous des noms différents, dans le même bureau de poste et dans la même journée. Méfiez-vous donc des vendeurs qui ne proposent que ce type de paiement.

Pour les grosses transactions, vous pouvez aussi utiliser les services d'un tiers de confiance. Vous payez directement à l'intermédiaire qui indique au vendeur qu'il est en possession du paiement. Dès que vous recevez la marchandise, le tiers reverse l'argent au vendeur. Cela vous coûtera au maximum 1 % du montant. Le vendeur, lui, ne sera payé qu'une quinzaine de jours après. Ce système fonctionne très bien et permet tant à l'acheteur qu'au vendeur d'effectuer des transactions sereinement. Pour vos transactions avec un tiers de confiance, utilisez, par exemple, `www.escroweuropa.com` ou `www.docdatapayments.com/fr/`.

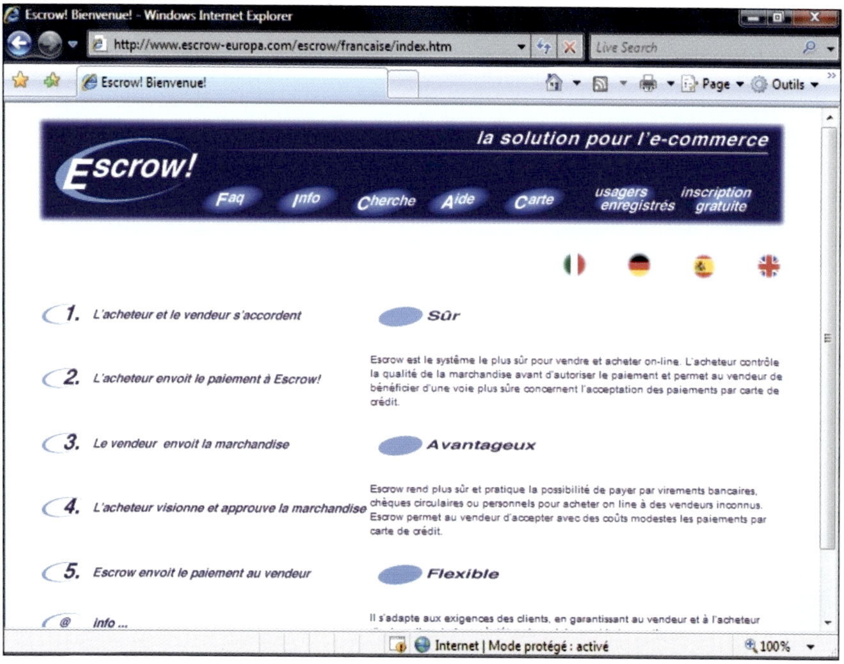

Vendre aux enchères

Vous pensez sûrement, qu'en tant que vendeur, vous êtes à l'abri des escroqueries. Il n'en est rien ! Voici deux escroqueries pour piéger aussi les vendeurs.

L'acheteur vous expédie un chèque que vous encaissez immédiatement. Comme le crédit apparaît bien sur votre compte en banque, vous expédiez la marchandise à votre acheteur. Plus de quinze jours après, votre banquier vous débite de la même somme, voire avec des frais supplémentaires. Le chèque est un faux. Vous n'avez aucun recours.

Voici une autre manière de procéder. On vous propose de vous payer plus que le prix demandé (tous les prétextes sont bons : intermédiaire, société en faillite, divorce, *etc.*). C'est à vous de retourner l'excédant *via* un paiement comme Western Union. Cette escroquerie, associée à celle du faux chèque, fonctionne à merveille : vous pouvez faire le paiement demandé puisque votre compte en banque est déjà crédité. Au final, vous avez perdu votre matériel et le virement, mais vous avez gagné des frais de chèque impayé et des empoignades avec votre banquier ! Une fois de plus, tout échange d'argent *via* Western Union est à prohiber.

Quatre règles à suivre pour ne pas se faire piéger sur les sites d'enchères

- ✓ Vérifiez toujours la notoriété du vendeur en consultant les appréciations des acheteurs précédents. C'est un conseil spartiate au regard des nouveaux vendeurs qui n'ont pas encore réalisé beaucoup de transactions, mais c'est avant tout votre argent qui est en jeu.
- ✓ Ne sortez pas du cadre du site en pensant économiser quelques pourcents (la rémunération du site). Ne payez jamais en liquide une transaction, particulièrement avec les virements comme Western Union. Utilisez toujours un moyen de paiement sécurisé comme PayPal ou passez par un tiers de confiance.
- ✓ N'achetez à l'étranger que dans des pays proches, si possible dans l'UE. Évitez à tout prix les pays de l'Est et les pays dits « exotiques ».
- ✓ N'achetez pas de produits quand l'affaire semble trop belle. Personne ne vend cent téléphones portables neufs sous garantie à 50 € quand le produit est dans le commerce à 500 €. Soit les téléphones n'existent pas, soit c'est du matériel volé.

Trois conseils si vous avez des doutes sur le vendeur et particulièrement si la transaction porte sur une somme importante

- ✓ Demandez une nouvelle photo du produit autre que celles proposées sur le site (une photo avec le numéro de série par exemple). Les escrocs qui ne possèdent pas le matériel utilisent directement les photos du site du constructeur ou celles d'autres annonces.
- ✓ Demandez l'adresse et le numéro de téléphone du vendeur. Vous pourrez toujours vérifier ces informations dans l'annuaire. Refusez les numéros de portable ou d'Internet (Skype, MSN, *etc.*).
- ✓ Dites au vendeur que vous, ou un ami habitant près de chez lui, peut prendre le produit sur place et lui payer directement. Vous verrez bien sa réaction…

Coup de loupe

Nous n'avons rien contre la société Western Union. C'est un formidable moyen de vous dépanner en argent liquide, par exemple si vous êtes à l'étranger et que vous vous retrouvez démuni. En revanche, ce n'est pas un moyen de paiement satisfaisant entre internautes.

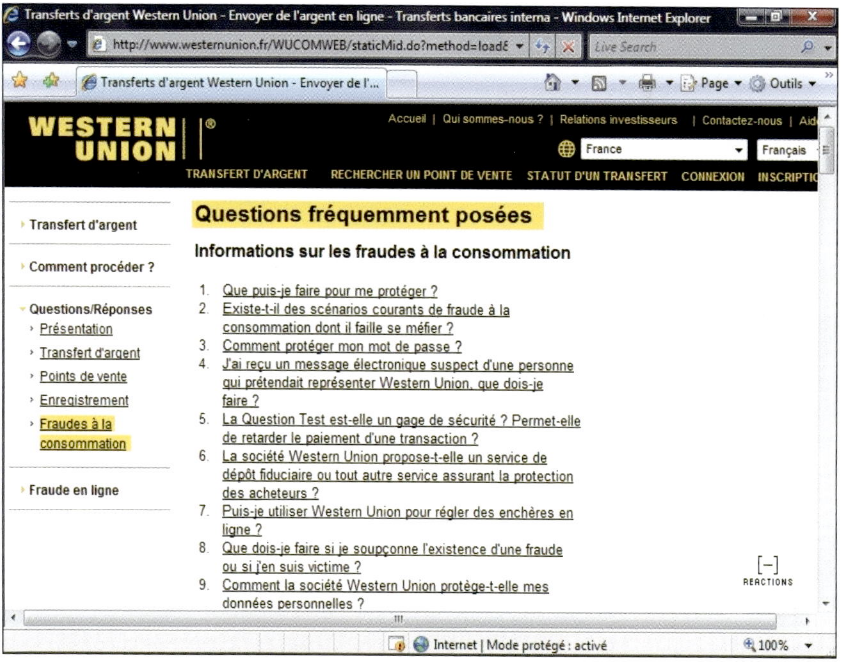

Pour des informations complémentaires, vous trouverez dans votre bureau de poste des dépliants sur le transfert d'argent *via* Western Union.

Spams

Les spams, appelés aussi pourriels, sont des courriels publicitaires non désirés. Ils vous proposent toujours un lien vers l'adresse du spammer, puis vous redirigent vers un site de vente légale ou illégale. Si vous effectuez des achats, le spammer touche sa commission.

Une fois de plus, Internet est un terrain de prédilection pour appliquer à grande échelle ce que vous rencontrez quotidiennement et auquel vous ne prêtez plus attention : publicité dans votre boîte aux lettres ou sur votre pare-brise, coup de téléphone ou fax directement chez vous ou dans votre entreprise, *etc.*

Sachez qu'un spam expédié à 100 millions d'internautes coûte environ 100 $ au spammer. Il suffit qu'un millier de personnes répondent favorablement au message pour que le spammer gagne beaucoup d'argent.

La constitution des fichiers de courriels utilisés par les spammers s'effectue de plusieurs façons.

- ✓ Vous avez laissé votre courriel dans un message d'un groupe de discussion ou d'un forum. Donnez plutôt une fausse adresse en indiquant le moyen d'obtenir la bonne, par exemple durant@free.com en précisant qu'il faut remplacer le .com par .fr.

- ✓ Vous avez déposé votre adresse mail sur un site. Ce dernier l'utilise pour des spams ou l'a revendue à un spammer. Votre adresse apparaît peut-être aussi dans votre propre site.
- ✓ Votre adresse mail est très simple, par exemple jeandupont@wanadoo.fr. Des ordinateurs génèrent des adresses mail en associant prénoms, noms et fournisseurs d'accès. Si le premier courriel expédié n'est pas retourné comme inconnu, c'est que l'adresse existe. Vous êtes placé dans la liste du spammer.
- ✓ Votre fournisseur d'accès a cédé sa liste d'abonnés à un tiers, qui lui-même l'a cédé à quelqu'un d'autre, *etc.*
- ✓ Vous avez publié votre adresse dans un annuaire Internet. Votre adresse est maintenant connue de tous.

Il n'existe pas, pour l'instant, de moyen efficace pour éviter les spams. Même les filtres proposés par votre fournisseur d'accès ou les logiciels antispams ne sont pas efficaces à 100 %, d'autant plus que la forme des courriels évolue en fonction des parades utilisées. C'est donc un bras de fer quotidien entre les fournisseurs d'accès et les spammers.

Si la majorité des spams prend la simple forme de courriels publicitaires, certains sont véritablement des escroqueries.

Voici quelques exemples d'arnaques que l'on reçoit fréquemment par mail :

- ✓ L'enfant malade qui nécessite une opération coûteuse aux États-Unis. Le spam est généralement assorti d'une photo pour vous apitoyer. Des milliers d'internautes répondront favorablement en expédiant 5, 10 voire 100 €. L'escroc encaisse l'argent sans aucun risque. Le même type d'escroquerie a été utilisé après le passage du cyclone Katrina aux États-Unis.
- ✓ Un travail à 3 000 $ la semaine, ça vous dit ? Vous devrez simplement effectuer des virements de plusieurs milliers d'euros... que vous ne reverrez jamais !
- ✓ Pour devenir riche, investissez en bourse. Les escrocs vous proposent la belle affaire si vous achetez les actions de la société X. Les titres sont cotés 1 €, mais les cours vont monter à 10 € dans une semaine et à 100 € dans un mois. Des internautes se précipitent pour acheter des actions, ce qui fait effectivement monter les cours. Les escrocs revendent les titres qu'ils n'ont payés, eux, que quelques centimes...

La proposition d'emploi de la "Saxon Ronald Ltd"!

Actuellement notre compagnie se developpe et nous avons un nombre limite a la disposition d'opportunites d'emploi.

COMBIEN GAGNERAI-JE?

Vous pouvez gagner jusqu'a $2000-3000 chaque semaine selon le temps que vous passerez pour ce travail.

QUE FERAI-JE?

Recevoir la correspondance de notre compagnie ou clients a votre adresse residentielle, repondre aux e-mails relatifs au projets et executez un certain nombre d'actions / les coups de telephone.

LOFFERT SPECIALLE POUR LES PROPRIETAIRES DAFFAIRES!

Nous avons une proposition tres interessante si vous avez votre propre compagnie!

COMBIEN CA COUTE?

Il n'y a aucun input initial ou autres depenses pour commencer a travailler avec nous. Donc vous n'avez pas besoin de capitale pour commencer.

Pour gérer les courriers indésirables dans Windows Mail, consultez le chapitre 9.

Faux en tout genre et produits interdits

Internet regorge de faux et de produits illicites. Ils sont généralement proposés par courriels *via* des spams.

On y trouve des contrefaçons de toutes sortes (montres, sacs à main, stylos, *etc.*), des copies illégales (logiciels, DVD, diplômes, *etc.*), des produits dont l'importation est illicite (cigarettes, animaux exotiques, *etc.*), mais aussi des médicaments interdits à la vente ou nécessitant une ordonnance (Viagra, DHEA, *etc.*).

Si vous commandez ce type de produit, vous risquez de vous retrouver dans l'illégalité. Comme les médicaments sont expédiés en grand nombre depuis les États-Unis, les douanes repèrent facilement les colis suspects (même type d'enveloppe et même expéditeur). La marchandise est confisquée, elle ne vous sera jamais livrée et vous risquez des amendes.

Quant aux contrefaçons, la Rolex proposée à 250 €, alors qu'elle en coûte 5 000 dans le commerce, est une pâle copie achetée en Chine à 5 € ! N'oubliez pas que le recel de contrefaçon est puni sévèrement par les lois françaises (jusqu'à 300 000 € d'amende et 3 ans de prison - www.douane.gouv.fr).

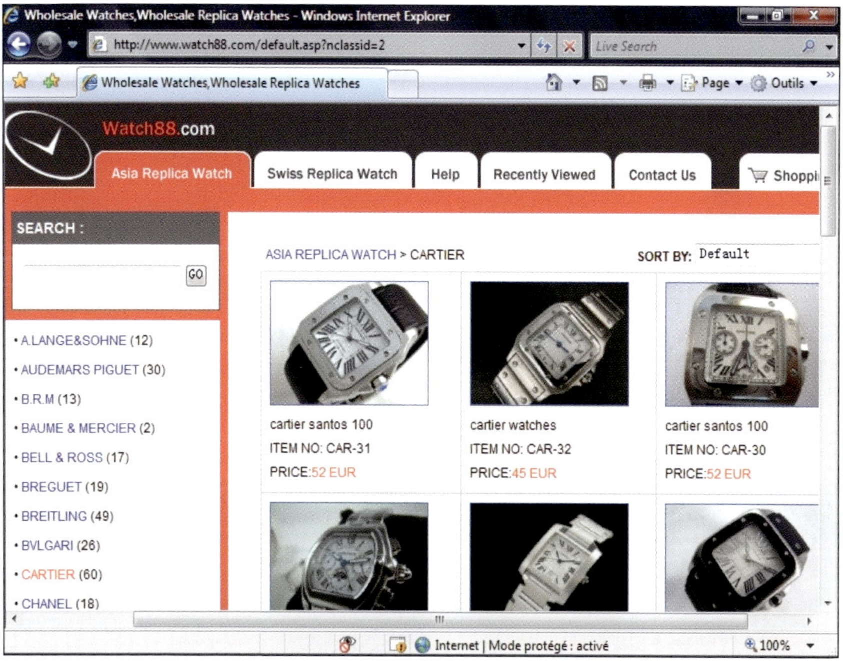

Déjouez les hoax

Les *hoax*, terme anglais pour « canulars », sont des plaisanteries expédiées par courriel. Si un canular peut sembler anodin (vous serrez prévenu après coup de la supercherie), il n'en est pas de même des hoax qui circulent entre les internautes.

Voici une liste de quelques hoax fréquents :

✓ **Virus** : un message vous annonce la présence d'un virus dans votre ordinateur et vous donne la solution pour l'éradiquer. Il suffit de supprimer certains fichiers de votre disque dur, généralement dans le dossier Windows. En conséquence, votre ordinateur ne fonctionne plus correctement. Ce type d'hoax se propage très rapidement et fait des milliers de victimes. De plus, si vous avez diffusé cette information, vous risquez de perdre des amis ainsi que votre crédibilité auprès de vos collègues de bureau...

- **Désinformation et rumeur** : un message vous informe d'un fait totalement scandaleux. Il implique généralement des sociétés, des gouvernements ou des gens célèbres. Sans vérifier la véracité des faits, vous réexpédiez le message... peut-être même avec des commentaires ! En diffusant l'information, vous pouvez porter atteinte à la vie privée d'autrui ou porter préjudice à une entreprise.
- **Pétition** : un message vous informe d'une injustice et vous propose de vous joindre à une pétition et de diffuser l'information. Bien évidemment, cette dernière est inventée de toutes pièces.

Si vous recevez un courriel vous invitant à le réexpédier au plus grand nombre, vérifiez s'il s'agit d'un hoax sur les sites suivants :

- `www.hoaxbuster.com`
- `www.hoaxkiller.fr`

Chapitre 6

Communiquez avec Live Messenger

Dans ce chapitre

- ✓ Installez Live Messenger
- ✓ Obtenez un identifiant et connectez-vous
- ✓ Ajoutez des contacts
- ✓ Engagez une conversation
- ✓ Transférez des documents et des photographies
- ✓ Partagez des photographies
- ✓ Conversez vocalement et visuellement

La messagerie instantanée est incontestablement l'innovation Internet la plus importante de ces dernières années. Outre envoyer des messages instantanés et expédier des fichiers, vous pouvez prendre le contrôle à distance des applications de vos correspondants, et même modifier leurs documents. Le logiciel spécialisé Live Messenger propose également des conversations vocales et vidéo avec une webcam, des jeux en ligne, et probablement d'autres innovations à venir. Ce chapitre vous propose les notions de base pour bien utiliser Live Messenger.

Installez Live Messenger

Windows Live Messenger n'est pas installé par défaut. Vous devez le télécharger à partir du site de Microsoft.

1 Cliquez le bouton **Démarrer** ▶ **Tous les programmes** ▶ **Téléchargement de Windows Live Messenger**.

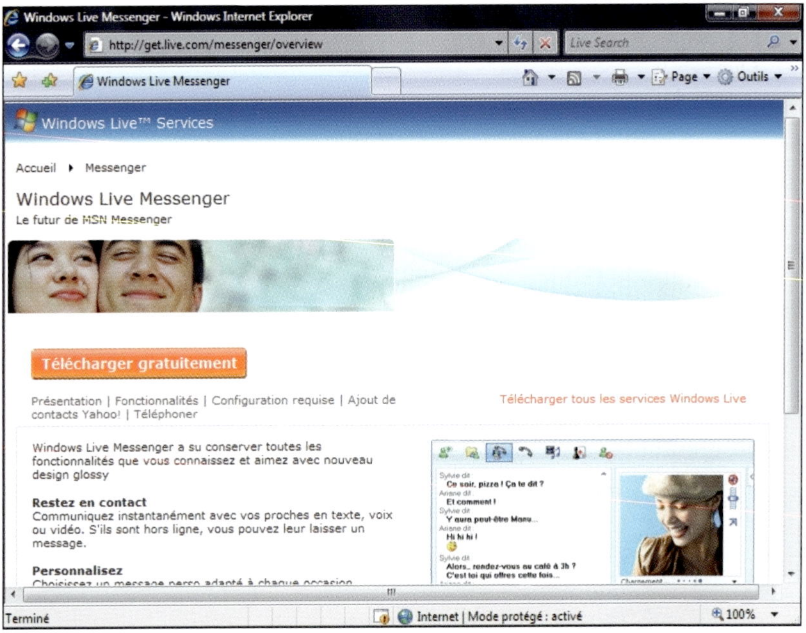

2 Sur le site, cliquez le lien **Télécharger** ou **Installer**.

3 Sélectionnez les services que vous désirez installer en plus de Live Messenger.

4 Cliquez le bouton **Installer** pour débuter le téléchargement.

5 Suivez les instructions de l'assistant d'installation.

Obtenez un identifiant et connectez-vous

Obtenir un identifiant

Pour converser avec d'autres personnes *via* Live Messenger, vous devez posséder une adresse électronique particulière, appelée identifiant Windows Live ID. Sa création est rapide et gratuite.

1 Ouvrez Live Messenger en double-cliquant l'icône dans la zone de notification (à côté de l'horloge). Si l'icône n'est pas présente dans la zone de notification, cliquez **Démarrer** ▶ **Tous les programmes** ▶ **Windows Live** ▶ **Windows Live Messenger**.

Coup de main

Pour afficher les icônes actuellement masquées de la zone de notification, cliquez le bouton dans la Barre des tâches.

2 Cliquez le lien **Inscrivez-vous**. Si le lien n'est pas affiché, sélectionnez **Utiliser un autre identifiant** dans la première liste.

3 Sur le site de Windows Live, suivez les indications pour créer votre identifiant. Vous pouvez créer gratuitement une nouvelle adresse de messagerie sur Hotmail en cliquant le lien proposé.

Se connecter

Maintenant, vous pouvez vous connecter.

1. Dans la boîte de connexion, tapez votre identifiant et votre mot de passe.
2. Pour ne pas avoir à retaper ces données les fois suivantes, cochez les cases **Mémoriser mon adresse** et **Mémoriser mon mot de passe**.
3. Pour être connecté à l'ouverture de Live Messenger, cochez la case **Connexion automatique**.
4. Cliquez le bouton **Se connecter** pour ouvrir une session.

La fenêtre de Live Messenger s'affiche. Vous êtes maintenant en ligne pour communiquer avec tous vos correspondants actuellement connectés.

Ajoutez des contacts

Sans contacts, point de communication. Ajoutez vos relations pour rester en communication avec elles. Ces dernières doivent vous fournir l'adresse électronique correspondant à leur identifiant. Live Messenger reste compatible avec les versions précédentes, Windows Messenger et MSN Messenger. Vos contacts n'ont pas besoin de posséder la dernière version ni d'utiliser Windows Vista.

1 Cliquez le bouton ▸ **Ajouter un contact**.

2 Saisissez l'adresse électronique du contact dans la zone **Adresse de messagerie instantanée**.

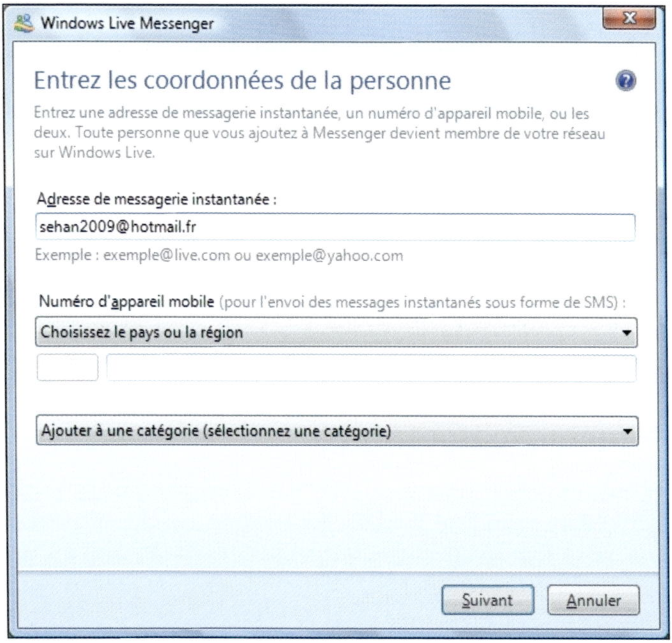

3 Cliquez le bouton **Suivant**.

4 Saisissez un message à destination du nouveau contact.

5 Cliquez le bouton **Envoyer une invitation**.

6 Cliquez le bouton **Fermer** après l'envoi de l'invitation.

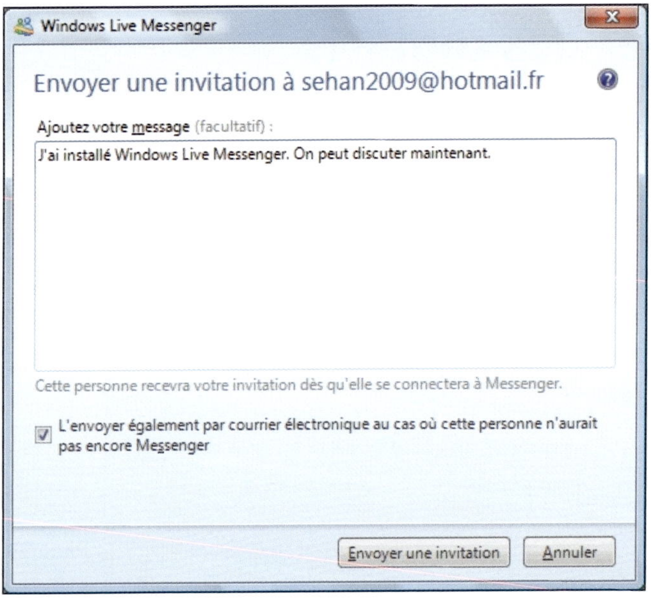

7 La fenêtre Ajouter un contact propose d'autres onglets dans la partie de gauche pour saisir d'autres renseignements facultatifs. Parcourez chaque onglet et saisissez éventuellement d'autres données.

8 Cliquez le bouton **Ajouter un contact**.

Confirmer un nouveau contact

Pour converser avec le contact que vous avez ajouté, celui-ci doit au préalable accepter de figurer dans votre liste. Il reçoit pour cela le message ci-après. Vous recevrez vous-même ce type de message pour les personnes qui désirent figurer dans votre liste.

1 Cochez une des options proposées (**Oui** ou **Non**).

2 Cliquez le bouton **OK** ou cliquez le bouton **Décider plus tard**.

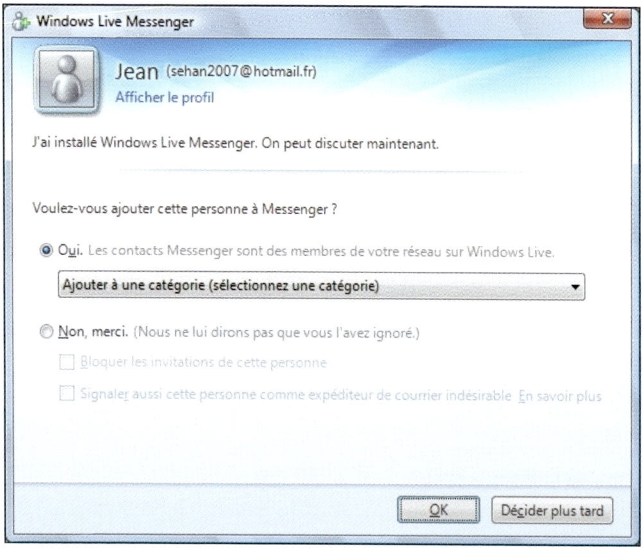

Quand une personne refuse de vous ajouter à sa liste de contacts, une boîte de dialogue vous en avertit.

Vos contacts apparaissent dans la fenêtre principale de Live Messenger. Vous pouvez voir d'un seul coup d'œil ceux qui sont connectés actuellement et avec lesquels vous pouvez converser. Les nouveaux contacts ne s'affichent en ligne qu'après leur autorisation d'accès.

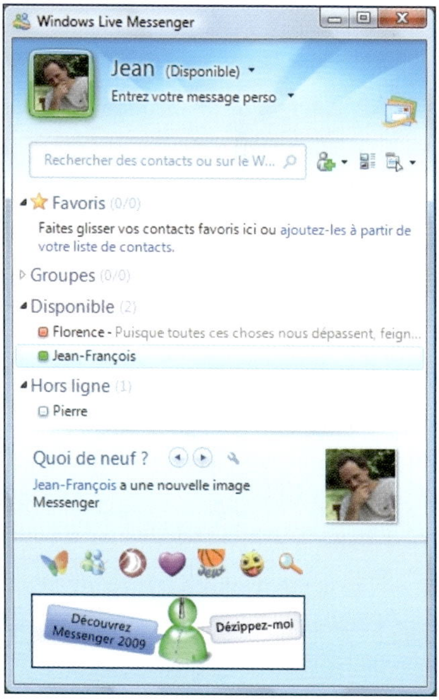

Si un contact vient de se connecter, une petite fenêtre apparaît en bas à droite de l'écran.

Engagez une conversation

À tout moment vous pouvez expédier des messages aux personnes en ligne et débuter une nouvelle conversation.

1 Dans la fenêtre principale, double-cliquez le nom du destinataire du message instantané.
Une fenêtre de conversation s'affiche.

2 Cliquez la zone en bas de la fenêtre et tapez votre message.

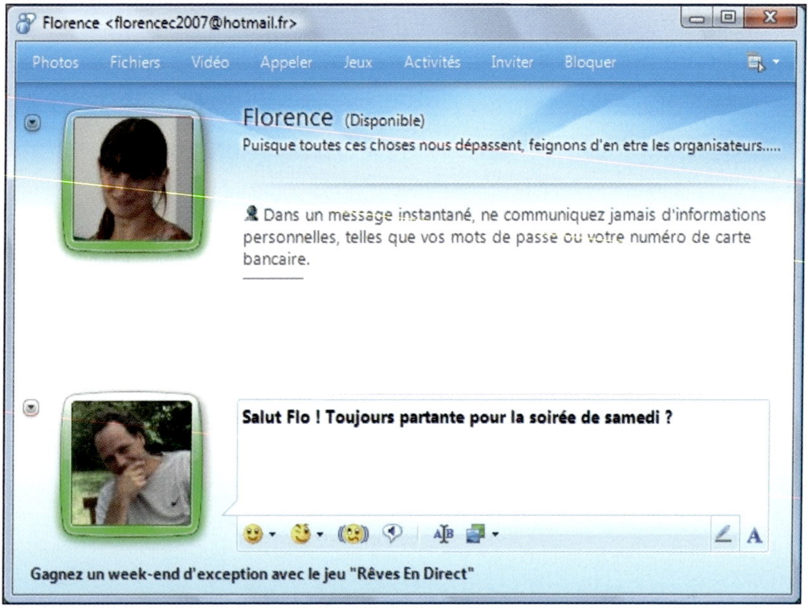

3 Appuyez sur la touche **Entrée** pour expédier le message.

Coup de main

Pour passer à la ligne dans votre message sans l'expédier, utilisez les touches **Maj** + **Entrée**.

Les messages expédiés et leurs réponses s'affichent dans la fenêtre de conversation. La barre d'état affiche la date et l'heure du dernier message reçu ou si le correspondant est en train de taper une réponse.

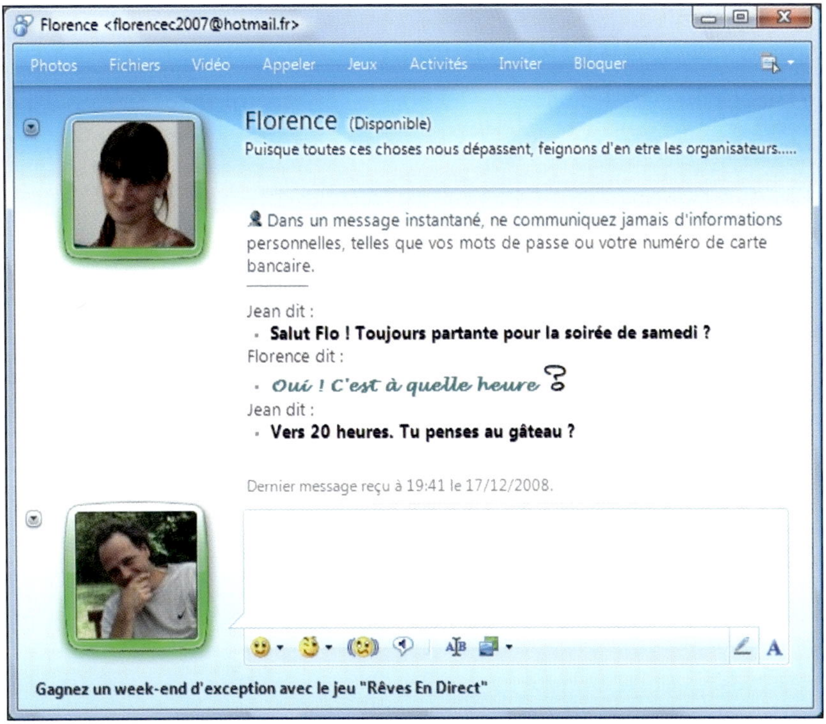

Recevoir un message

Lorsque vous recevez un message (en dehors de la conversation en cours), une petite fenêtre s'affiche en bas à droite de l'écran comme dans la figure ci-après. Cliquez la petite fenêtre pour répondre au message. Si la petite fenêtre est fermée, cliquez le bouton clignotant dans la Barre des tâches.

Remplacer votre identifiant par un nom

Par défaut, c'est votre identifiant qui apparaît dans la fenêtre de vos contacts. Pour une plus grande convivialité, modifiez-le.

1 Cliquez le bouton ▸ **Outils** ▸ **Options**.

2 Saisissez votre nom dans la zone **Taper le surnom**.

3 Cliquez le bouton **OK**.

Modifier votre image personnelle

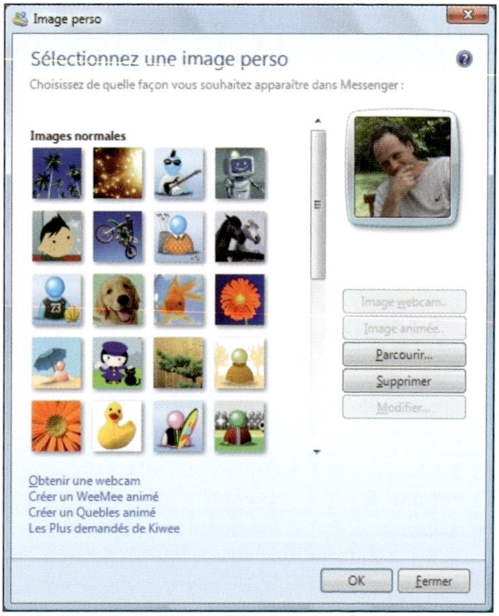

Comme vous avez pu le remarquer dans les écrans précédents, il est possible d'ajouter une image pour vous identifier (les adeptes de Messenger appellent cela un « avatar »).

1 Cliquez le bouton ▸ **Outils** ▸ **Modifier votre image perso**.

2 Sélectionnez dans la liste une des images proposées, ou cliquez le bouton **Parcourir** pour rechercher une image plus personnelle.

3 Cliquez le bouton **OK**.

Modifier la police de caractères de vos messages

Pour distinguer vos messages de ceux de vos correspondants, modifiez les caractères de votre texte (police, couleur, *etc.*).

1 Cliquez le bouton .

2 Sélectionnez le type de caractères à utiliser dans les listes **Police**, **Style**, **Taille** et **Couleur**.

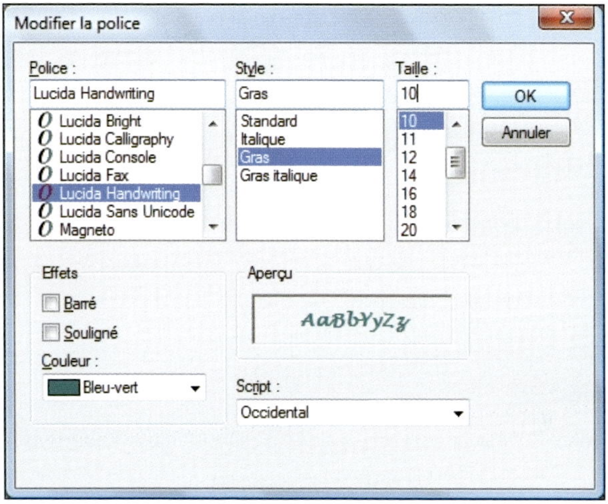

3 Cliquez le bouton **OK** pour valider vos choix.

Ajouter des émoticônes

Les émoticônes sont de petits dessins qui symbolisent vos émotions.

Coup de loupe

Une émoticône, appelée aussi émoticon ou *smiley*, est une suite de caractères qui indiquent vos émotions. Par exemple, la suite **:)** correspond à « heureux » ou à un « sourire ». Live Messenger transforme automatiquement ces suites par une icône (dans notre exemple) et permet aussi de les insérer directement à partir d'une liste.

1 Tapez le début du message.
2 Cliquez le bouton .
3 Cliquez l'émoticône à insérer dans le message.

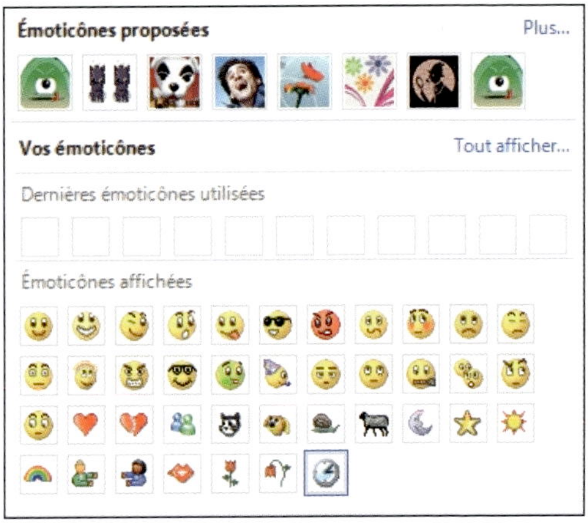

Si vous ne trouvez pas votre bonheur, cliquez le lien **Tout afficher** pour trouver d'autres émoticônes.

Vous pouvez aussi saisir directement les codes de chaque émoticône.

1 Cliquez le bouton .
2 Cliquez le lien **Tout afficher**.

La boîte **Émoticônes** vous donne la liste des codes à utiliser dans vos messages.

Inviter une autre personne à la conversation en cours

Pourquoi se limiter à converser à deux ? Live Messenger permet d'inviter d'autres contacts dans la conversation en cours.

1 Cliquez le bouton **Inviter**.

2 Cliquez les noms des contacts à inviter.

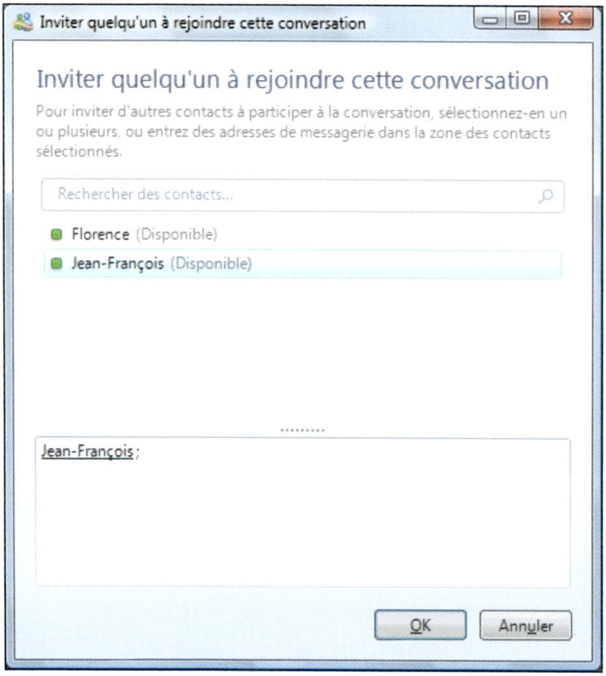

3 Cliquez le bouton **OK** pour valider.

La liste des personnes qui participent actuellement à la conversation s'affiche en haut de la fenêtre.

Définir votre statut actuel

Même si vous êtes connecté, vous souhaitez peut-être ne pas être dérangé. Modifiez dans ce cas votre statut.

1 Dans la fenêtre principale de Messenger, cliquez votre nom.

2 Cliquez le nouveau statut dans la liste.

Ce statut apparaîtra dans la fenêtre Live Messenger de vos contacts.

Vous pouvez aussi définir des paramètres de statut automatiquement.

1 Cliquez le bouton ▶ **Outils** ▶ **Options**.

2 Dans l'onglet **Personnel** de la boîte **Options**, tapez le nombre de minutes après lesquelles vous êtes considéré comme absent dans la zone **Afficher le statut "Absent" après**.

3 Cliquez le bouton **OK**.

Définir votre message de bienvenue

En plus de votre nom qui apparaît chez vos contacts, vous pouvez afficher un message permanent ou bien encore le titre du disque que vous écoutez si vous utilisez le lecteur Windows Media.

1 Cliquez le texte **Entrez votre message perso** dans la fenêtre principale, puis saisissez-le.

2 Pour faire part de la musique que vous écoutez en ce moment, cliquez la flèche en regard du texte **Entrez votre message perso** puis sélectionnez **Afficher ce que j'écoute** dans la liste.

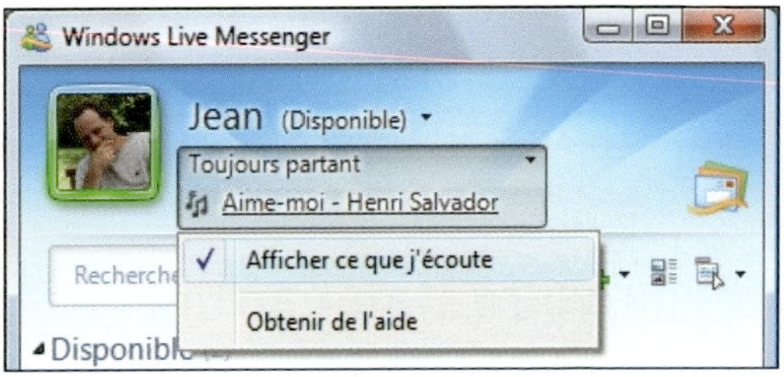

Le disque que vous écoutez s'affiche chez vos contacts sous forme de lien vers un site commercial.

Expédier un message vocal

Sans utiliser la conversation vocale, vous pouvez expédier facilement un petit message vocal lors d'une conversation.

1 Cliquez et maintenez enfoncé le bouton .

2 Énoncez le message dans votre microphone.

3 Relâchez le bouton .

Expédier des *wizz* et des clins d'œil

Les clins d'œil sont des images animées qui s'affichent au-dessus de l'interface de vos contacts.

1 Cliquez le bouton .

2 Choisissez le clin d'œil à expédier à votre contact.

Les *wizz* permettent de « secouer » la fenêtre Live Messenger de vos contacts. Cliquez simplement le bouton lors d'une conversation.

Écrire à la main

Live Messenger vous propose d'écrire manuellement vos messages.

1 Dans la zone de saisie des messages, cliquez le bouton .

2 Écrivez votre message avec la souris. Utilisez les nouveaux boutons de barre d'outils pour modifier vos écrits (gomme, couleur, papier à lettres, *etc.*).

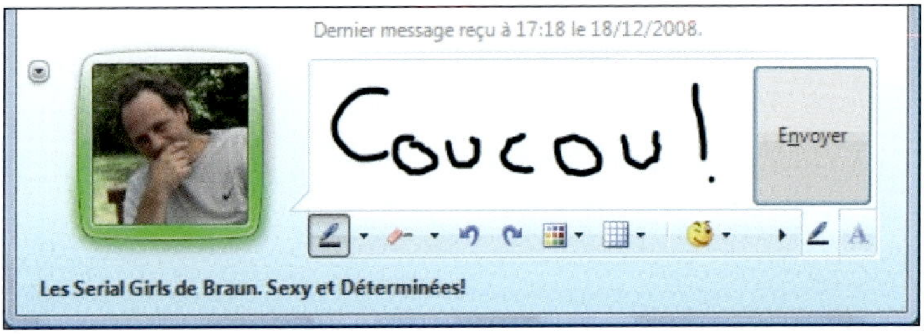

3 Cliquez le bouton **Envoyer**.

4 Cliquez le bouton pour revenir à l'écriture au clavier.

Modifier l'arrière-plan

Pour égayer l'interface de Live Messenger, ajoutez une image d'arrière-plan.

1 Cliquez le bouton .

2 Sélectionnez une image dans la liste ou cliquez le lien **Tout afficher** pour la rechercher.

Bloquer une personne

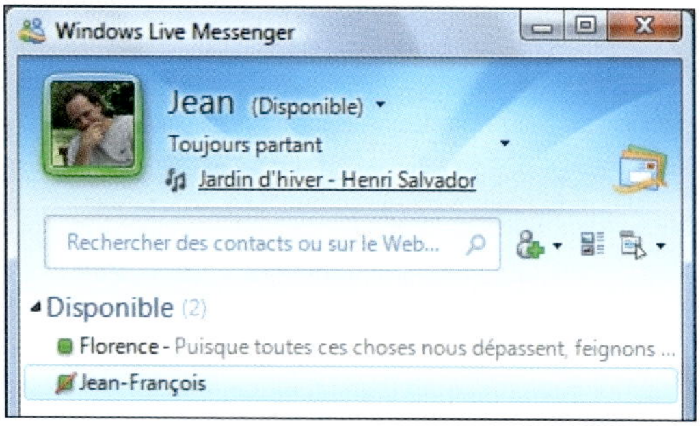

Si vous désirez ne pas être dérangé par une personne précise, vous pouvez momentanément la bloquer dans votre liste de contacts, sans toutefois la supprimer définitivement. Cliquez du bouton droit le nom du contact à bloquer, puis cliquez **Bloquer le contact** dans le menu contextuel. L'icône du contact bloqué est barrée.

Pour la personne bloquée, vous apparaissez « hors ligne ». Pour la débloquer, répétez les étapes précédentes en choisissant **Autoriser le contact** dans le menu contextuel.

Enregistrer les conversations

Pour garder une trace de vos conversations, Messenger peut se charger de les enregistrer dans un fichier texte.

1 Cliquez le bouton ▶ **Outils** ▶ **Options**.

2 Cliquez **Messages** dans la liste à gauche.

3 Cochez la case **Conserver automatiquement un historique de mes conversations**.

4 Pour afficher la toute dernière conversation avec un contact, cochez la case **Afficher ma dernière conversation...**.

5 Cliquez le bouton **OK** pour valider.

Pour relire d'anciennes conversations :

1 Cliquez le bouton ▶ **Fichier** ▶ **Afficher l'historique des conversations**.

2 Dans la boîte qui s'ouvre, cliquez le nom d'un contact puis le bouton **OK**.

Une fenêtre liste toutes les anciennes conversations avec le contact choisi. Utilisez les boutons de la barre d'outils pour effectuer des recherches dans le texte, supprimer ces conversations, *etc.*

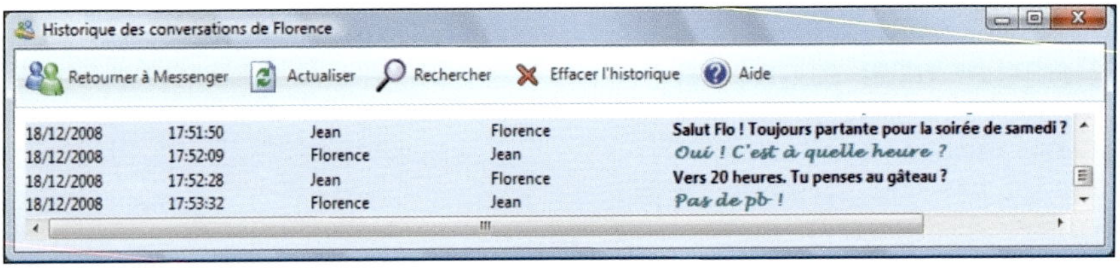

Transférez des documents et des photographies

Lors d'une conversation, vous pouvez expédier simultanément un fichier à un contact, et cela quelle que soit sa taille. En effet, les serveurs de messagerie limitent la taille globale des messages stockés dans votre boîte à lettres. Il n'est donc pas possible de faire transiter en pièce jointe un film de plusieurs dizaines de mégaoctets par courriel, voire, parfois, une simple image de seulement 2 ou 3 mégaoctets. Live Messenger est donc une solution mieux adaptée.

1 Cliquez le bouton **Fichier** ▶ **Envoyer un fichier ou une photo**.

2 Recherchez le dossier qui contient le document puis sélectionnez ce dernier.

3 Cliquez le bouton **Ouvrir** pour expédier le document.

Pour que le fichier soit expédié, le destinataire doit accepter sa réception. Live Messenger expédie donc une demande de confirmation. La transmission débute dès que le contact accepte la demande. Vous pouvez continuer la conversation en cours pendant ce temps.

Pour vérifier les fichiers reçus, cliquez le bouton ▶ **Fichier** ▶ **Ouvrir le dossier des fichiers reçus**.

Partagez des photographies

Il existe un moyen simple de partager une grande quantité de photographies avec vos correspondants.

1 Cliquez le bouton **Photos**.

2 Recherchez le dossier qui contient les photographies puis sélectionnez-les (utilisez les touches **Maj** ou **Ctrl** comme dans l'Explorateur pour en sélectionner plusieurs).

3 Cliquez le bouton **Ouvrir**.

Les photographies apparaissent dans la fenêtre de conversation de votre interlocuteur.

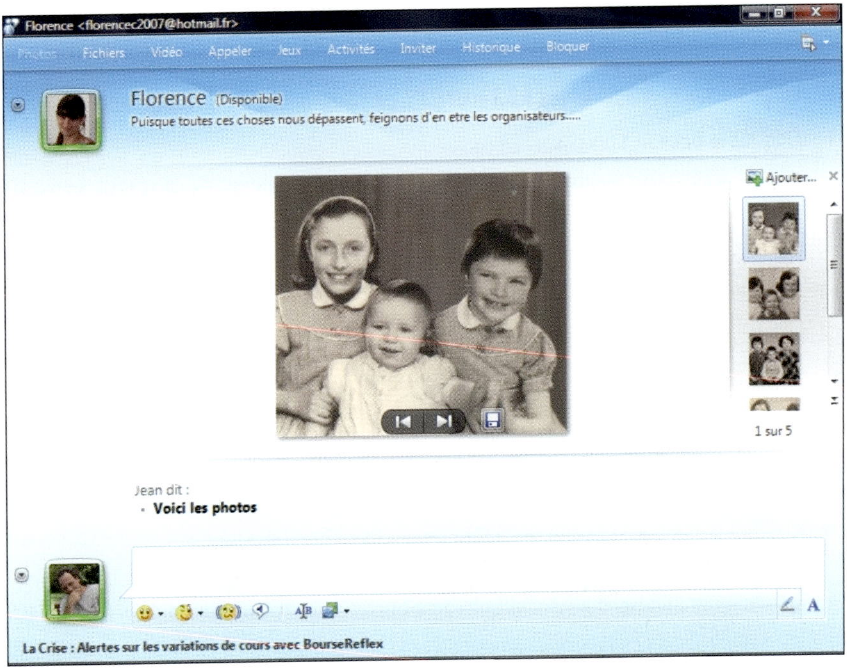

Il suffit pour lui de cliquer le bouton pour enregistrer les photographies qu'il désire conserver. Votre interlocuteur peut lui aussi partager ses photographies en cliquant le bouton Ajouter... .

Conversez vocalement et visuellement

Avec un simple microphone et des haut-parleurs, vous pouvez correspondre vocalement avec vos contacts. Avec une webcam, vous pouvez aussi converser visuellement.

Configurer votre matériel audio et vidéo

Avant d'utiliser les fonctionnalités audio et vidéo, vous devez configurer votre matériel lors de la première utilisation (webcam, microphone, haut-parleurs ou casque).

1 Cliquez le bouton ▶ **Outils** ▶ **Configuration audio et vidéo**.
Live Messenger affiche un assistant. Testez votre matériel audio et vidéo.

2 Effectuez les réglages de vos haut-parleurs, de votre microphone ou de votre casque.

3 Cliquez le bouton **Suivant**.

4 Si vous avez plusieurs dispositifs vidéo, choisissez celui à utiliser dans la liste du haut.

5 Réglez votre webcam pour vous voir au milieu de la fenêtre. Certaines proposent des réglages plus pointus. Si c'est le cas de la vôtre, cliquez le bouton **Paramètres de la webcam**.

6 Dès que le réglage de votre webcam vous convient, cliquez le bouton **Terminer**.

Tenir une conversation audio-vidéo

Encore mieux que le téléphone : le visiophone. Avec votre webcam, vous pourrez voir vos contacts.

1 Cliquez le bouton à gauche de votre image personnelle.

2 Dans le menu du bouton , cliquez **Afficher ma webcam** pour que votre correspondant puisse vous voir, ou cliquez **Démarrer une conversation vidéo** pour voir aussi votre contact. Ce dernier recevra un message qu'il devra confirmer pour débuter la conversation vidéo (liens **Accepter** ou **Refuser**).

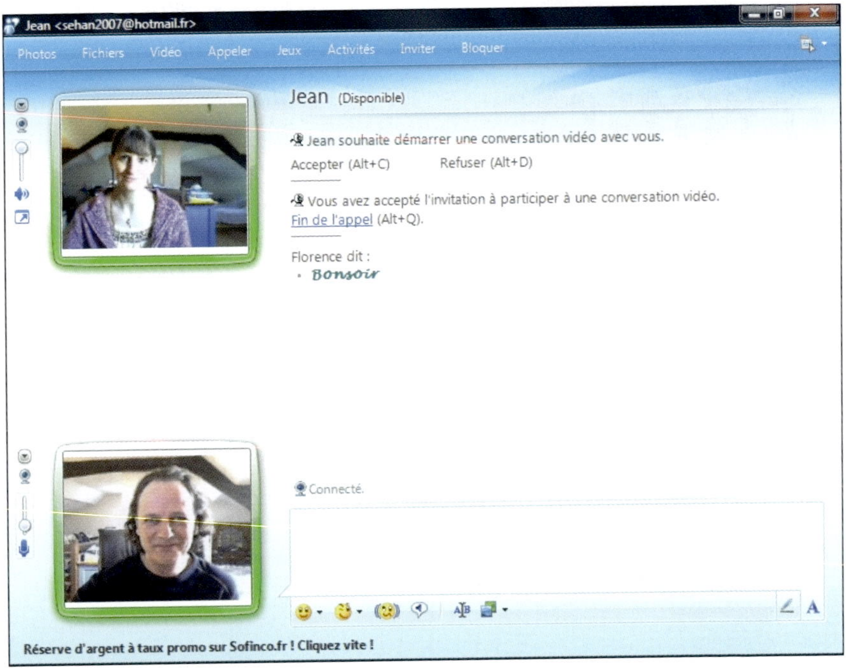

Pour modifier la taille des vidéos, cliquez le bouton à gauche de votre image ou de celle de votre correspondant, puis cliquez la commande **Taille**. Choisissez ensuite la taille à adopter.

Vous trouverez, à gauche des vidéos, des boutons de réglage : pour activer ou désactiver votre microphone, pour activer ou désactiver vos haut-parleurs, et pour passer en mode plein écran (la vidéo de votre correspondant couvre toute la surface de l'écran). Les curseurs permettent de régler le volume des haut-parleurs et la sensibilité du microphone.

Pour terminer une conversation vidéo, un des correspondants doit cliquer le lien **Fin de l'appel** du dernier message ou cliquer un des boutons .

Chapitre 7

Participez aux communautés

Dans ce chapitre

- ✓ Utilisez les blogs
- ✓ Participez aux forums
- ✓ Participez aux chats
- ✓ Participez aux réseaux sociaux : MySpace, Facebook et Second Life

Ce chapitre vous propose d'autres formes de communications *via* Internet. C'est le cas des blogs, des journaux proposés par des internautes, des forums et des chats pour dialoguer en différé ou en temps réel, ou des communautés comme MySpace pour s'exprimer et partager des documents.

Utilisez les blogs

Les blogs, appelés aussi blogues ou joueb (journal web), sont des journaux ou des carnets de bord mis à jour fréquemment. Ils peuvent aborder tous les sujets, des faits quotidiens (comme dans un journal intime) aux opinions politiques, en passant par la musique, le cinéma ou la broderie.

Ils ont l'avantage d'être plus simples de mise en œuvre que les sites web avec des pages personnelles. Pour l'administrateur du blog, appelé aussi blogueur, carnetier (rédacteur d'un carnet de bord) ou diariste (auteur d'un journal intime), il suffit de placer ses textes et ses photos dans un environnement prédéfini. Il n'est pas nécessaire de connaître le langage HTML ou d'utiliser des logiciels complexes de création de sites (Dreamweaver, FrontPage, *etc.*).

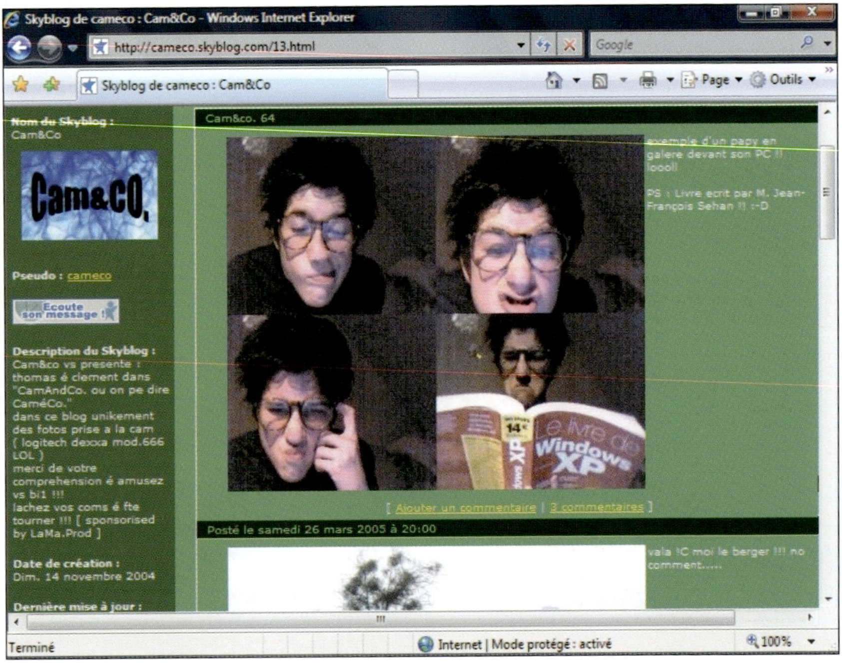

Trouver des blogs

Dans la grande majorité des cas, les adresses de blogs vous seront communiquées par des proches et des amis. Si vous trouvez ces blogs intéressants, c'est à vous de diffuser ensuite ces adresses au plus grand nombre.

De plus en plus de sites proposent des liens vers des blogs en rapport avec le sujet traité, comme ils l'ont toujours fait vers d'autres sites. Vérifiez dans les pages de vos sites favoris s'il existe de tels liens.

Les sites qui hébergent les blogs proposent généralement une zone de recherche. Rendez-vous sur ces sites pour trouver les sujets qui vous intéressent ou pour en découvrir de nouveaux (consultez le paragraphe ci-après « Créer son blog »).

Pour trouver des blogs qui correspondent à vos sujets de prédilection, il est plus simple d'effectuer une recherche sur le Web. Tapez simplement dans le moteur de recherche le mot « blog », ainsi qu'un mot-clé correspondant au sujet désiré. Une recherche sur Google avec les simples mots-clés « blog cinéma » propose plus d'un million de pages.

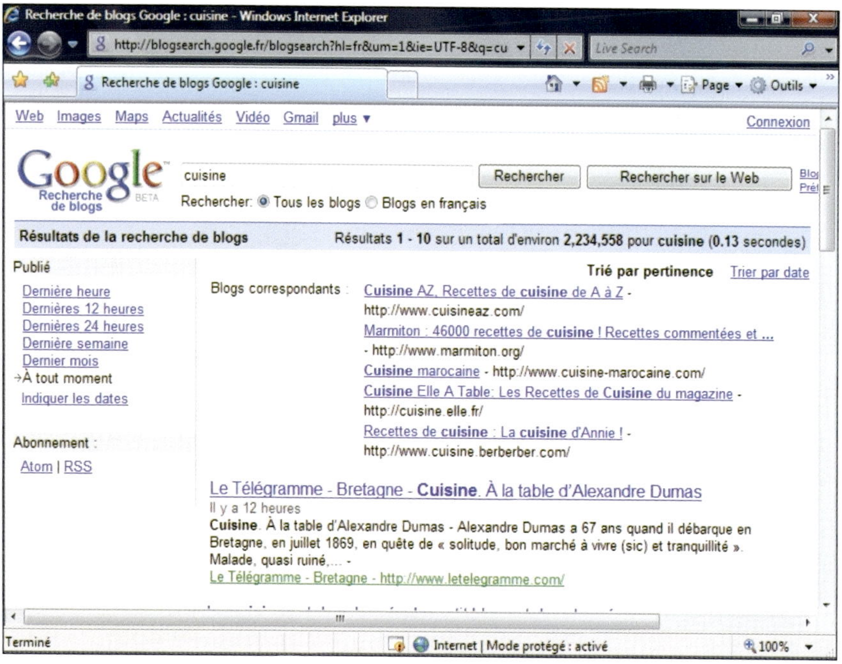

Le phénomène des blogs est maintenant si répandu que Google a décidé de créer un moteur de recherche uniquement pour eux. Vous pouvez y accéder par l'adresse `http://blogsearch.google.fr/`.

Consulter et participer aux blogs

Les articles sont placés les uns au-dessous des autres, en commençant par les derniers postés dans la majorité des cas. Les articles sont datés et signés car un blog peut être géré par plusieurs personnes. Pour chaque article, vous pouvez laisser un commentaire en cliquant le lien correspondant. Avant d'ajouter votre prose, lisez les conditions d'utilisation sur le site d'hébergement.

Créer son blog

Si vous désirez partager une passion, ou tout simplement raconter votre vie de tous les jours (postez fréquemment de nouveaux textes pour conserver votre auditoire), vous pouvez très facilement créer votre blog. Dans un premier temps, vous devez choisir un hébergeur, c'est-à-dire un site qui gère des blogs. Vous en trouverez des centaines en effectuant une recherche sur le Web avec les mots-clés « créer blog ». L'hébergement des blogs est proposé gratuitement, sauf si vous souhaitez obtenir un nom de domaine, bénéficier de centaines de mégaoctets de stockage, *etc.* Voici une liste de quelques sites :

- ✓ `www.blogger.com` (Google)
- ✓ `www.over-blog.com`
- ✓ `www.novoblog.com`
- ✓ `www.blogg.org`
- ✓ `www.oldiblog.com`
- ✓ `www.iziblog.net`
- ✓ `www.skyblog.com` (radio Skyrock)
- ✓ `www.nrjblog.fr` (radio NRJ)
- ✓ `www.one2blog.fr` (blogs d'entreprise, service payant)

Suivez les instructions de chaque site pour créer votre blog. C'est généralement simple et rapide.

Participez aux forums

Un forum est un espace virtuel permettant de déposer des questions ou de répondre à celles des autres participants. Vous pouvez y discuter « librement » sur des sujets précis. Nous mettons le mot « librement » entre guillemets car chaque forum est surveillé par un modérateur (le « modo ») qui peut intervenir à tout instant, voire supprimer les messages qui ne respectent pas la charte du forum.

Contrairement à la messagerie instantanée ou aux chats, les questions et les réponses sont différées sur les forums. Vous n'obtiendrez donc pas de réponse immédiatement. En revanche, vos messages restent disponibles à tout moment.

Pour trouver des forums, effectuez une recherche sur un moteur comme Google avec le mot clé « forum » ainsi que le sujet qui vous intéresse.

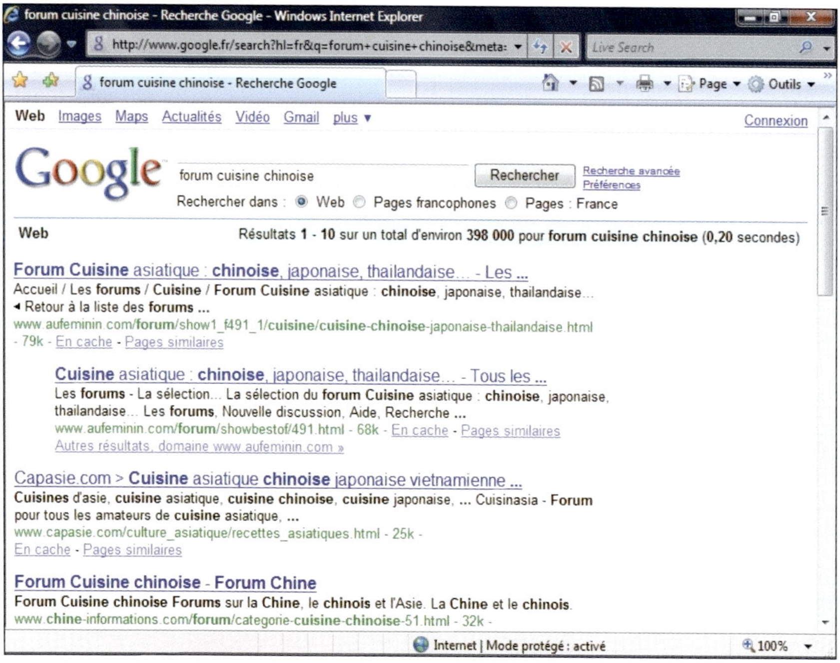

Dans la majorité des cas, vous pouvez consulter librement les textes postés sur les forums. Si vous voulez poster de nouveaux sujets ou participer à ceux existants, vous devez créer un compte. C'est rapide et gratuit.

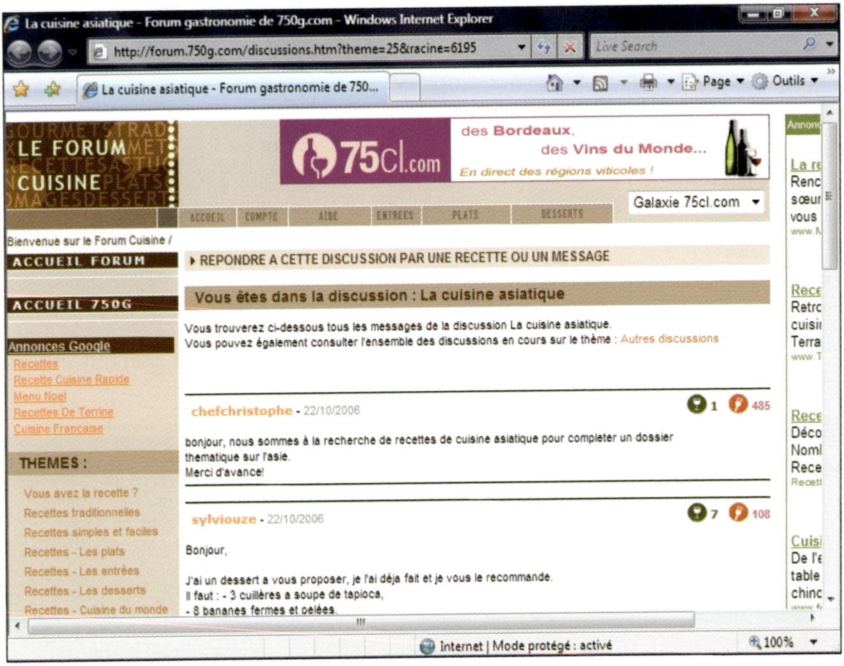

Participez aux chats

Les *chats* (prononcez *tchatte*) sont des conversations en ligne. Ils s'apparentent à la messagerie instantanée, à la différence que vous ne choisissez pas vos interlocuteurs. Vous entrez dans un salon et entamez des conversations en temps réel.

Comme pour les forums, les chats sont surveillés par des modérateurs qui peuvent tout simplement vous interdire l'accès à un salon s'ils considèrent que vous ne respectez pas certaines règles de bonne conduite.

Pour trouver des chats, effectuez une recherche sur un moteur comme Google avec le mot-clé « chat » ou « tchat » ainsi que le sujet qui vous intéresse.

Vous devrez vous inscrire ou parfois choisir tout simplement un pseudonyme pour initier une conversation.

Participez aux réseaux sociaux

Les réseaux sociaux, connus sous le nom de « service de réseautage social » (en anglais *social networking*), sont des sites qui mettent gratuitement un espace web à la disposition de leurs membres.

MySpace

MySpace est le plus connu des réseaux sociaux, avec plus de 200 millions d'adhérents début 2008, dont plus de 250 000 francophones.

Fondé par Tom Anderson et Chris DeWolfe en 2003 et racheté par le groupe de presse News Corp. de Rupert Murdoch en 2005, MySpace met gratuitement à disposition de ses membres un espace web personnalisé, permettant d'ajouter des informations personnelles, de tenir un blog ou de déposer ses photos ou ses compositions musicales.

Beaucoup de groupes de musique possèdent leurs pages sur MySpace. Ce système a permis à des groupes inconnus d'émerger.

La version française du site se trouve à l'adresse `fr.myspace.com` (la version canadienne se trouve à l'adresse `cf.myspace.com`).

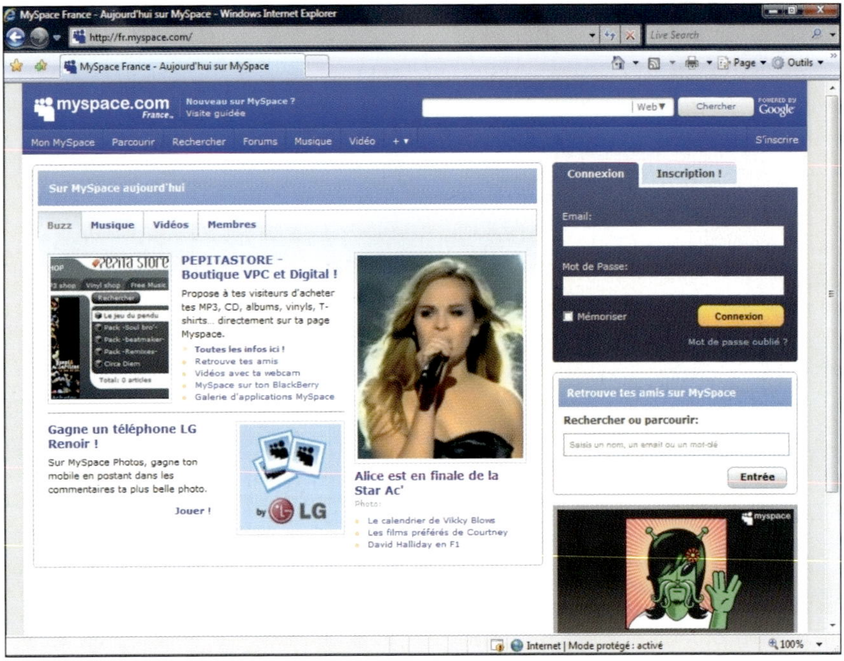

Pour participer à la communauté MySpace, il suffit de vous inscrire gratuitement. Vous pourrez ensuite bénéficier notamment des fonctions suivantes :

- ✓ définir votre profil ;
- ✓ ajouter des relations déjà inscrites sur MySpace, ou inviter d'autres personnes à s'inscrire ;
- ✓ rejoindre un groupe d'utilisateurs ;
- ✓ lister vos centres d'intérêt : musique, films, télévision, livres, *etc.* ;
- ✓ rédiger votre propre blog ;
- ✓ expédier des bulletins (des messages communs pour toutes vos relations) ;

- ✓ partager vos musiques, vos photos et vos vidéos ;
- ✓ gérer votre agenda ;
- ✓ participer aux milliers de forums.

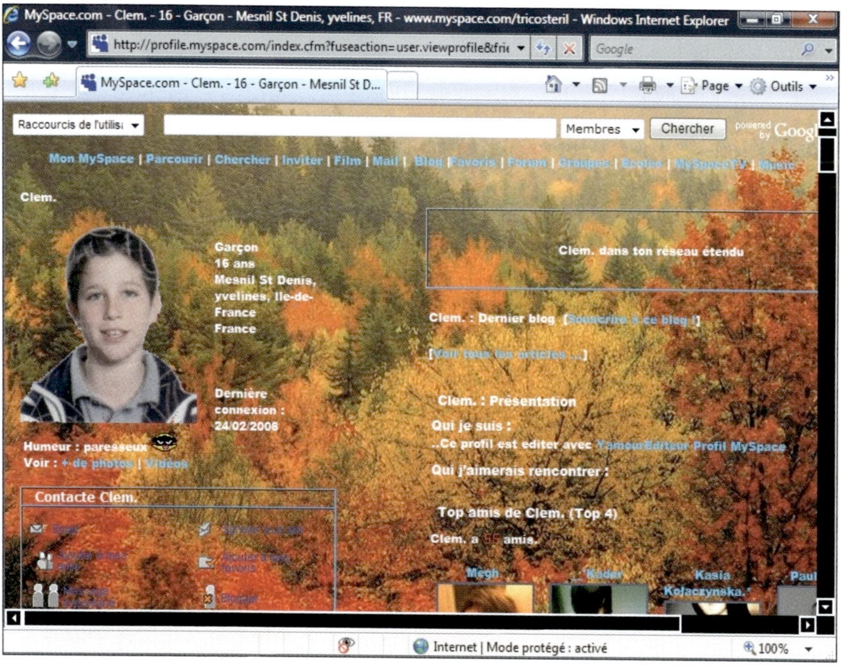

Facebook

Facebook est un autre site de réseau social destiné, à l'origine, à regrouper les trombinoscopes (*face books* en anglais) des lycéens et des étudiants des pays anglophones. Depuis 2007, le site est ouvert à tous. À la fin de l'année 2008, Facebook comptait 140 millions de membres. Le site se trouve à l'adresse `www.facebook.com`.

Comme MySpace, Facebook permet de saisir des informations personnelles, d'entrer en contact avec les autres utilisateurs et de former des groupes autour de centres d'intérêt communs. Inscrivez-vous pour en découvrir toutes les possibilités.

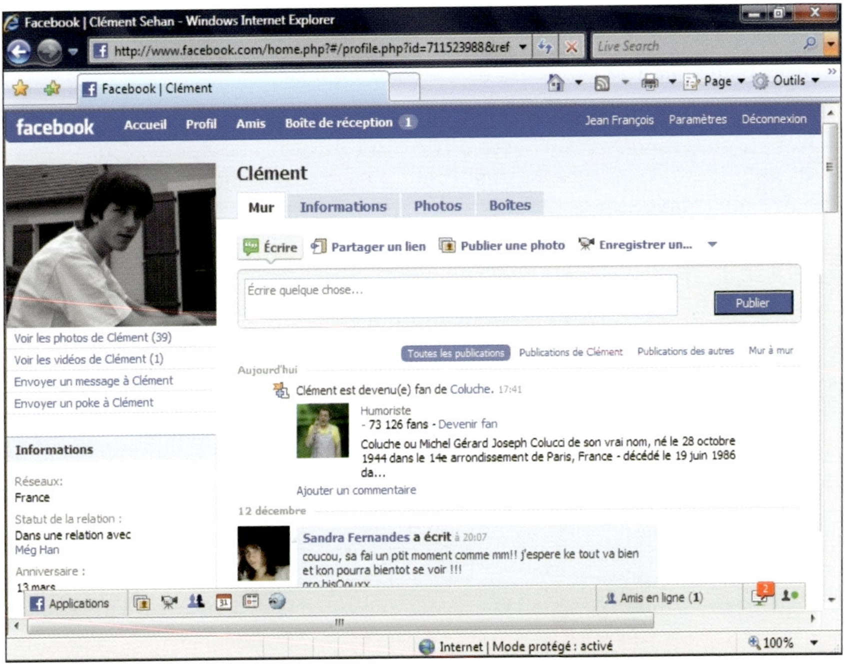

Coup de main

Le site français `Copainsdavant.com` propose aussi de vous mettre en relation avec d'anciens amis et de consulter des trombinoscopes. Ce site propose fréquemment de nouvelles fonctionnalités.

Second Life

Second Life est un univers virtuel en 3D présent sur le Net depuis 2003. Il permet aux utilisateurs, les « résidents », de vivre une seconde vie (*second life* en anglais). L'essentiel de ce monde virtuel est réalisé par les résidents eux-mêmes.

Comme dans la vie courante, les résidents peuvent faire des affaires en vendant, achetant ou en échangeant leurs créations (objets, vêtements, bâtiments, animaux, *etc.*). Ces échanges s'effectuent en dollars Linden, une monnaie virtuelle qui peut être échangée contre de la monnaie réelle (environ 350 L$ pour 1 euro).

Mais Second Life est aussi un immense forum Internet où chacun peut exprimer ses engagements politiques et sociaux. Débats, expositions, conférences, formations, et même mariages sont des événements courants.

Pour voir immédiatement le principe et le fonctionnement du jeu, faites une recherche avec les mots-clés « Second Life » sur `www.youtube.com`. Vous y trouverez des vidéos d'événements importants ainsi que des tutoriaux pour réaliser vos propres créations.

Second Life se trouve à l'adresse `www.secondlife.com`. L'inscription est gratuite. Il y a actuellement plus de 2 millions de « résidents », dont plus de 100 000 francophones.

Chapitre 8

Restez informé avec les flux, gadgets et podcasts

Dans ce chapitre

✓ Utilisez les flux RSS

✓ Utilisez les gadgets

✓ Utilisez le podcasting

De plus en plus de sites proposent des informations en continu que vous pouvez recevoir automatiquement sans demander de mise à jour. Il suffit de vous abonner pour recevoir en temps réel ces informations (flux RSS). Les podcasts, eux, ne diffusent pas de texte, mais des fichiers sons et des vidéos. Ce chapitre vous propose de découvrir ces deux technologies pour être toujours informé de l'actualité.

Utilisez les flux RSS

Un flux RSS (*Really Simple Syndication*) permet de recevoir en continu des informations mises à jour fréquemment (actualités, cours de la Bourse, météo, blogs, *etc.*)

Internet Explorer propose dans sa barre d'outils le bouton pour accéder aux flux. Dès que vous visitez un site qui propose des flux RSS, le bouton devient disponible (il n'est plus grisé).

S'abonner à un flux

Pour vous abonner à un flux, vous devez ouvrir avec Internet Explorer un site proposant cette technologie, par exemple celui d'un journal (`www.lemonde.fr`, `www.libération.fr`, `www.lesechos.fr`, *etc.*).

1 Ouvrez le site qui propose des flux (le bouton n'est pas grisé).

2 Cliquez la flèche en regard du bouton .

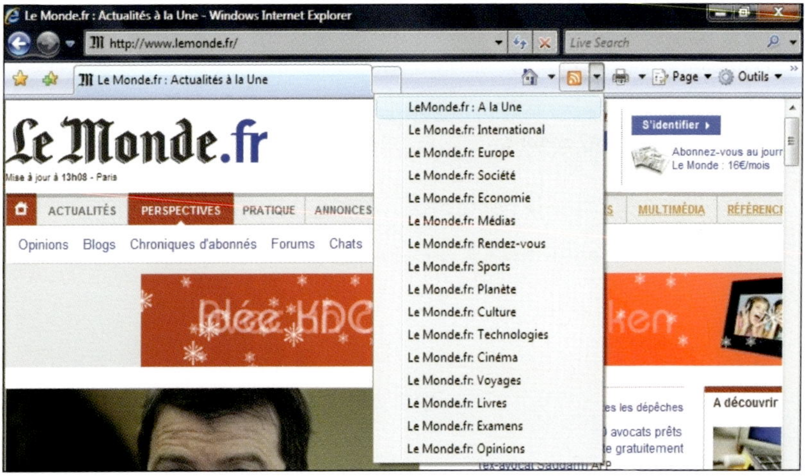

3 Cliquez le flux qui vous intéresse dans la liste.
La page du flux choisi s'affiche. Elle comporte des liens qui mènent à des articles plus complets.

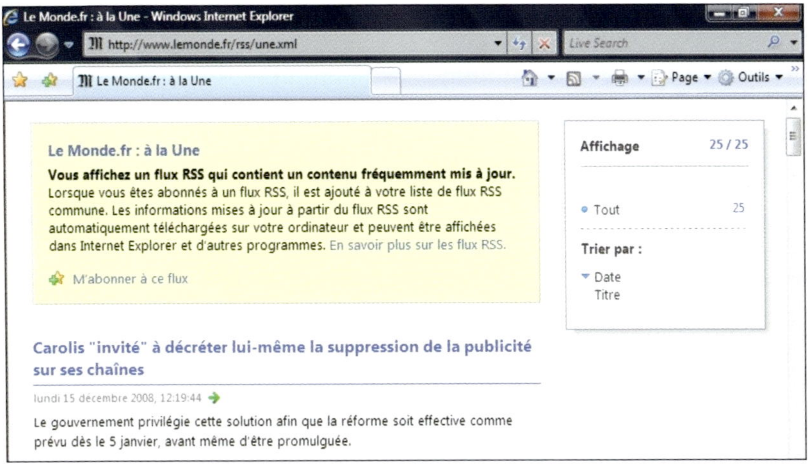

4 Cliquez le lien **M'abonner à ce flux**.

5 Éventuellement, tapez un nouveau nom pour le flux dans la zone **Nom**.

6 Éventuellement, sélectionnez le dossier de destination du flux dans la liste **Créer dans**.

7 Cliquez le bouton **M'abonner**.

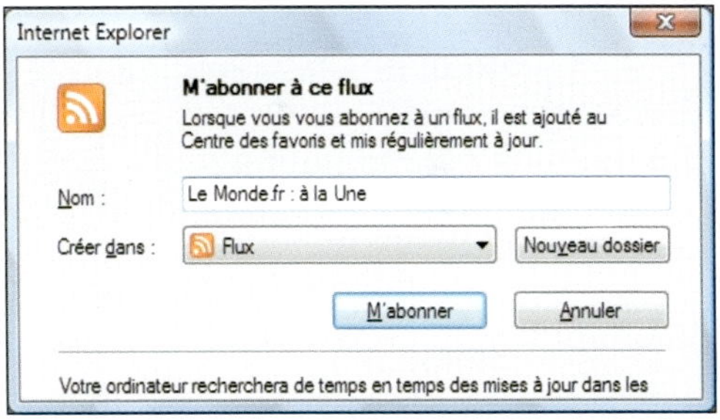

Consulter des flux

Les flux auxquels vous êtes abonné sont regroupés dans la liste des favoris.

1 Cliquez le bouton pour ouvrir la liste des favoris.

2 Cliquez le bouton Flux.
Vous retrouvez ici la liste de vos abonnements.

3 Cliquez un des flux proposés pour ouvrir la page correspondante.

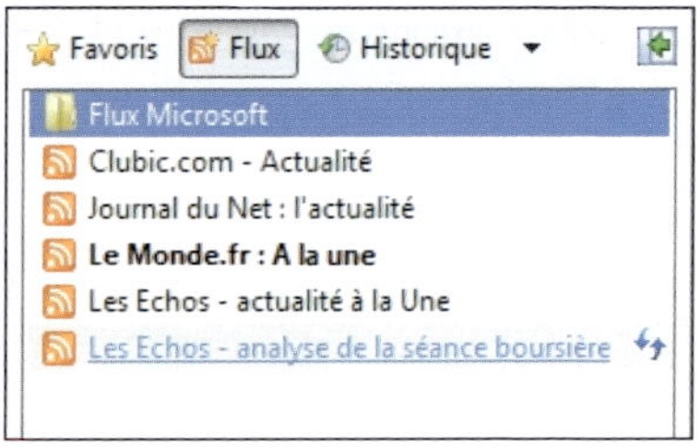

Modifier les propriétés d'un flux

Vous pouvez définir la fréquence de mise à jour des flux :

1 Cliquez le bouton pour ouvrir la liste des favoris.

2 Cliquez le bouton Flux.

3 Cliquez le nom d'un flux du bouton droit, puis cliquez **Propriétés** dans le menu contextuel.
La boîte des propriétés vous propose de modifier la fréquence de mise à jour du flux, de télécharger les fichiers joints (articles, images, *etc.*), ou de définir le nombre de mises à jour à conserver.

4 Modifiez les options qui vous intéressent, puis cliquez le bouton **OK**.

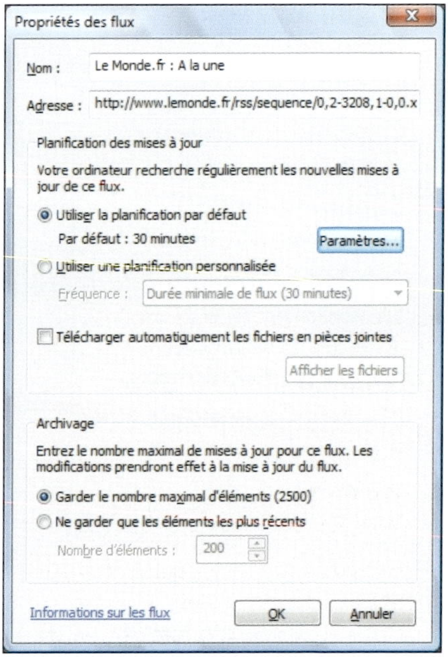

Utilisez les gadgets

Les gadgets sont de petites applications qui vous donnent des informations en temps réel (heure, cours de la Bourse, *etc.*) ou qui sont tout simplement ludiques (diaporama, jeux, *etc.*). La majorité des gadgets nécessitent une connexion Internet.

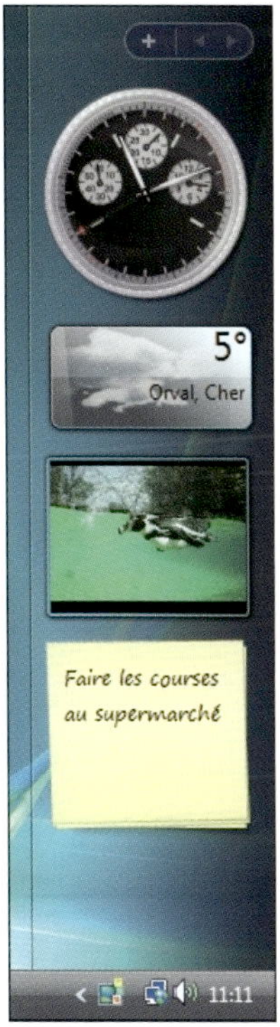

Afficher le Volet Windows

C'est le Volet Windows qui gère les gadgets. Il se trouve dans la partie droite du Bureau (figure ci-dessus). Si ce volet ne s'affiche pas, vous devez l'ouvrir.

1 Cliquez le menu **Démarrer** ▶ **Tous les programmes** ▶ **Accessoires** ▶ **Volet Windows**.
Vous pouvez à volonté ajouter ou supprimer des gadgets.

2 Cliquez le bouton ➕ qui se trouve en haut du Volet Windows pour obtenir la liste des gadgets disponibles.
Une fenêtre affiche la liste des gadgets.

3 Cliquez les boutons ◀ et ▶ pour faire défiler les pages des gadgets.

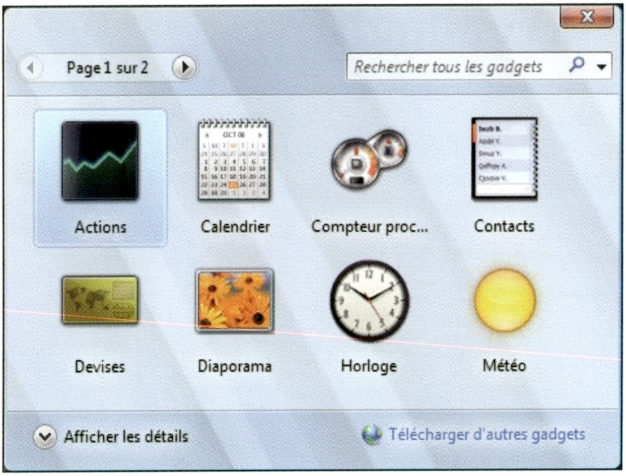

Ajouter des gadgets

1 Double-cliquez le gadget à ajouter. Il est immédiatement placé dans le Volet Windows.

Coup de loupe

Il est possible d'ajouter plusieurs fois le même gadget, des flux RSS par exemple.

2 Pour trouver d'autres gadgets, cliquez le lien **Télécharger d'autres gadgets**.
Le lien **Télécharger d'autres gadgets** ouvre une page dans votre navigateur Internet. Cette page est mise à jour régulièrement. Vous devez, bien sûr, être connecté à Internet. D'ailleurs, la majorité des gadgets nécessitent une connexion permanente à Internet car ils proposent des informations mises à jour en temps réel : actualité, météo, cours de la Bourse, devises, *etc.*

3 Cliquez le bouton [X] en haut à droite pour fermer la fenêtre du site des gadgets.

4 Si les gadgets sont très nombreux, cliquez les boutons ◀ et ▶ dans le Volet Windows pour les faire défiler.

Paramétrer les gadgets

1. Pointez un gadget dans le Volet Windows. Une barre d'outils apparaît à sa droite.
2. Cliquez le bouton pour modifier les caractéristiques. Ces dernières sont différentes pour chaque gadget. C'est à vous d'expérimenter chacun d'eux pour en découvrir toutes les possibilités.
3. Cliquez le bouton pour fermer le gadget.

Les gadgets ne sont pas obligatoirement attachés au Volet Windows. Vous pouvez les placer n'importe où sur le Bureau. Pour cela, cliquez le gadget, et, sans relâcher le bouton de la souris, faites-le glisser à un autre emplacement. Effectuez l'opération inverse pour replacer le gadget dans le Volet Windows.

Afficher un flux RSS dans le Volet Windows.

1 Ajoutez des flux RSS avec Internet Explorer comme vu précédemment.

2 Éventuellement, ouvrez le Volet Windows (menu **Démarrer** ▶ **Tous les programmes** ▶ **Accessoires** ▶ **Volet Windows**).

3 Cliquez le bouton en haut du Volet Windows. La liste des gadgets disponibles s'affiche.

4 Double-cliquez le gadget **Titres des flux**.

5 Cliquez le bouton du gadget Titres des flux.

6 Sélectionnez un flux dans la liste **Afficher ce flux**.

7 Cliquez le bouton **OK**.

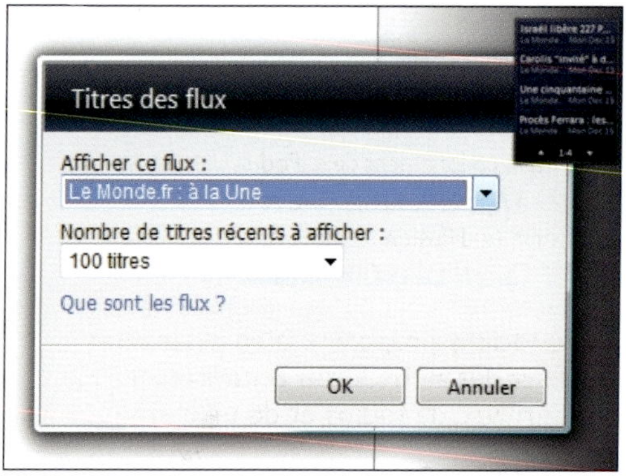

8 Pour afficher le contenu d'un titre, cliquez-le dans le gadget.

Vous serez maintenant au courant de l'actualité en continu, et cela directement sur votre Bureau.

Utilisez le podcasting

Le podcasting est une technique de partage de musiques et de vidéos. Des passionnés partagent des fichiers MP3 et AVI que vous pouvez lire avec vos lecteurs habituels.

Coup de loupe

Le nom *podcast* vient de « iPod », le baladeur MP3 d'Apple, et du mot anglais *broadcast*, qui signifie « diffusion » ou « radiodiffusion ».

Podcast a été traduit en français par « balado » et *podcasting* par « baladodiffusion ».

Les podcasts proposent bien évidemment de la musique, mais aussi des chroniques sur des artistes, des actualités sur une ville ou une région, *etc.* De plus en plus de journaux, de radios et de télévisions les utilisent.

Pour trouver des podcasts, faites une recherche sur Google. Vous trouverez des podcasts francophones sur le site www.01podcast.com.

Si, comme pour les flux RSS, vous désirez être informé des nouveautés, vous devez vous abonner aux podcasts au moyen d'un lecteur spécialisé appelé « agrégateur ».

Voici une liste des lecteurs les plus connus et les sites où vous pouvez les télécharger :

- ✓ Google Reader : flux audio, vidéo, image ou texte. `www.google.fr/reader/`
- ✓ iTunes : audio et vidéo (prend en charge les iPod). `www.apple.com/fr/itunes/download/`
- ✓ Winamp : audio et vidéo (prend en charge les iPod). `www.winamp.com`
- ✓ Miro : agrégateur et lecteur de contenu multimédia. `www.getmiro.com/download/`

Chapitre 9

Communiquez par courriel

Dans ce chapitre

- ✓ Rédigez et mettez en forme un message
- ✓ Envoyez et recevez des messages et des fichiers
- ✓ Ouvrez ou enregistrez des pièces jointes
- ✓ Répondez à un message
- ✓ Transférez un message
- ✓ Triez, filtrez et supprimez des messages
- ✓ Vérifiez le courrier indésirable et l'hameçonnage

Le courrier électronique permet d'envoyer en quelques secondes des messages à votre voisin ou à un collègue de bureau, mais aussi à des destinataires à l'autre bout du monde. Plus de papier, d'enveloppes ou de timbres : tout est pris en charge par Windows Mail.

Ce chapitre vous explique la création d'un compte de messagerie pour utiliser une nouvelle adresse mail, ainsi que l'expédition et la réception de fichiers (pièces jointes).

Créez un compte de messagerie

Avant d'expédier et de recevoir des messages, vous devez indiquer les différents paramètres remis par votre fournisseur de messagerie. Comme il est courant aujourd'hui de posséder plusieurs comptes, il est nécessaire de maîtriser cette étape. Vous devez ajouter autant de comptes que vous possédez d'adresses mail.

1. Ouvrez Windows Mail (menu **Démarrer** ▸ **Courrier électronique**).
2. Cliquez le menu **Outils** ▸ **Comptes**.
3. Dans la boîte qui s'affiche, cliquez le bouton **Ajouter**.
4. Cliquez **Compte de messagerie** dans la liste **Quel type de compte**.
5. Cliquez le bouton **Suivant**.
6. Tapez le nom qui doit apparaître chez vos correspondants lors de la réception de vos messages. Vous pouvez utiliser un pseudonyme ou un surnom que vos destinataires connaissent bien.
7. Cliquez le bouton **Suivant**.
8. Tapez votre adresse mail. Toutes les indications nécessaires à la création d'un compte vous sont transmises par votre fournisseur d'accès ou le site qui vous propose d'héberger vos messages. Consultez les documents en votre possession.
9. Cliquez le bouton **Suivant**.

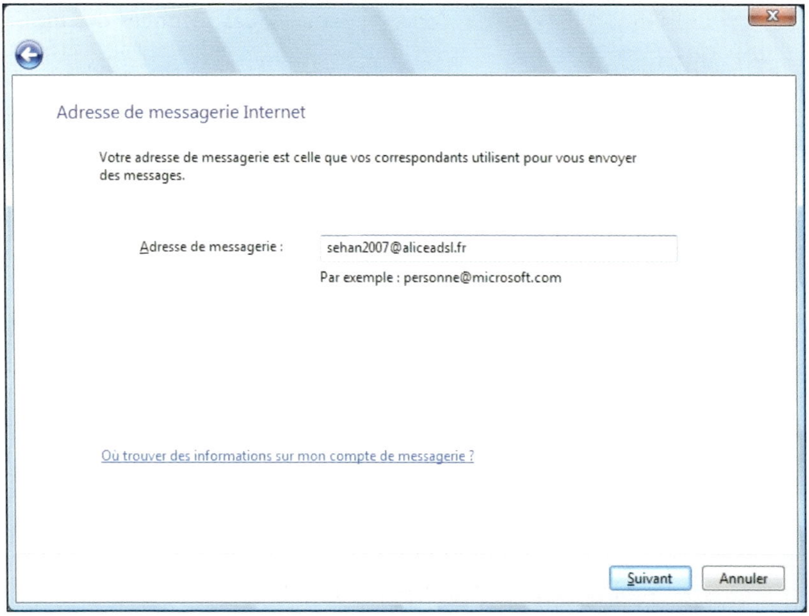

10 Dans la liste **Type de serveur de messagerie pour courrier entrant**, sélectionnez le type. POP3 est le type courant des serveurs de messagerie. HTTP permet d'ajouter un compte web comme Hotmail.

11 Dans la zone **Serveur de messagerie pour courrier entrant**, tapez le nom du serveur pour les messages à recevoir (il commence généralement par POP).

12 Dans la zone **Nom du serveur pour courrier entrant**, tapez le nom du serveur pour les messages à expédier (il commence généralement par SMTP).

13 Cliquez le bouton **Suivant**.

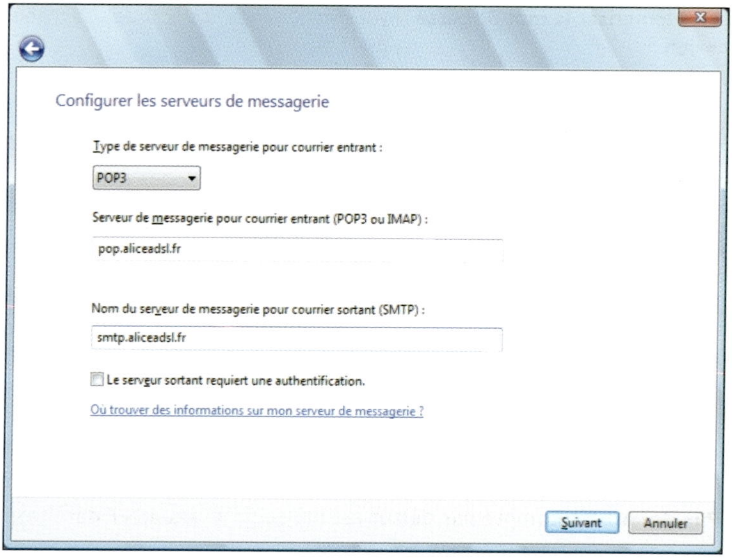

14 Dans la zone **Nom d'utilisateur de messagerie**, tapez votre identifiant de connexion à la messagerie.

15 Dans la zone **Mot de passe**, tapez votre mot de passe.

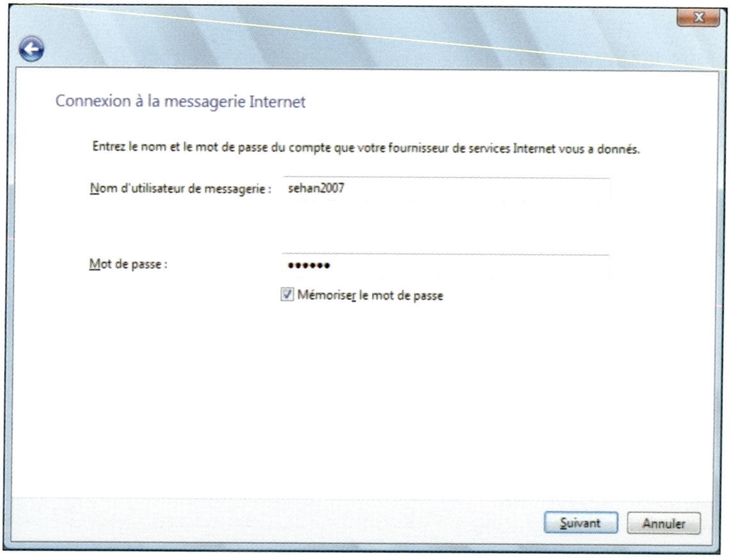

16 Cochez **Mémoriser le mot de passe** si vous voulez éviter de le retaper à chaque connexion.

17 Cliquez le bouton **Suivant**.

18 Dans la dernière boîte de dialogue, cliquez le bouton **Terminer**.

Vous pouvez à tout moment vérifier un compte et modifier ses paramètres.

1 Dans la fenêtre principale de Windows Mail, cliquez le menu **Outils** ▸ **Comptes**.

2 Cliquez le nom du compte.

3 Cliquez le bouton de votre choix :

- ✓ **Supprimer** : retire le compte de messagerie sélectionné. Cliquez **OK** dans la boîte qui s'affiche pour confirmer la suppression.
- ✓ **Propriétés** : affiche tous les éléments nécessaires au fonctionnement du compte.
- ✓ **Par défaut** : le compte par défaut est utilisé pour expédier des messages.
- ✓ **Importer** : importe les renseignements d'un compte précédemment exporté.
- ✓ **Exporter** : crée un fichier avec tous les éléments du compte. Utilisez cette possibilité pour installer un compte existant sur un autre ordinateur.

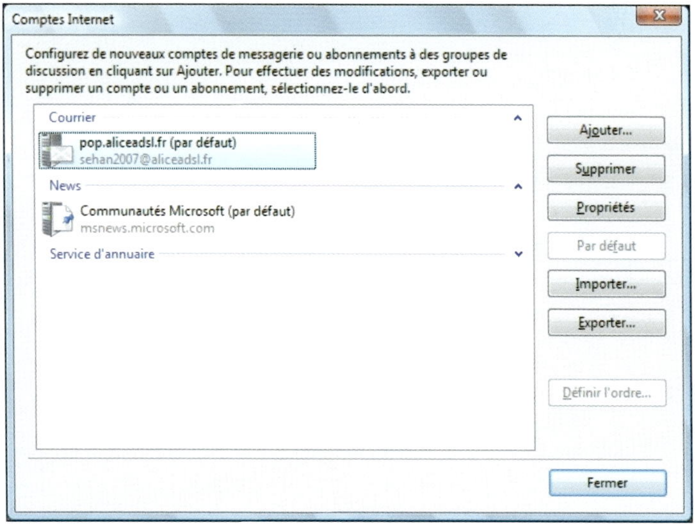

Fenêtre principale de Windows Mail

1. Barre de titre et nom du dossier sélectionné
2. Barre de menus
3. Zone de recherche d'un message
4. Barre d'outils
5. Liste des dossiers
6. Liste des messages du dossier sélectionné
7. Message sélectionné
8. Nombre de messages au total et non lus dans le dossier sélectionné

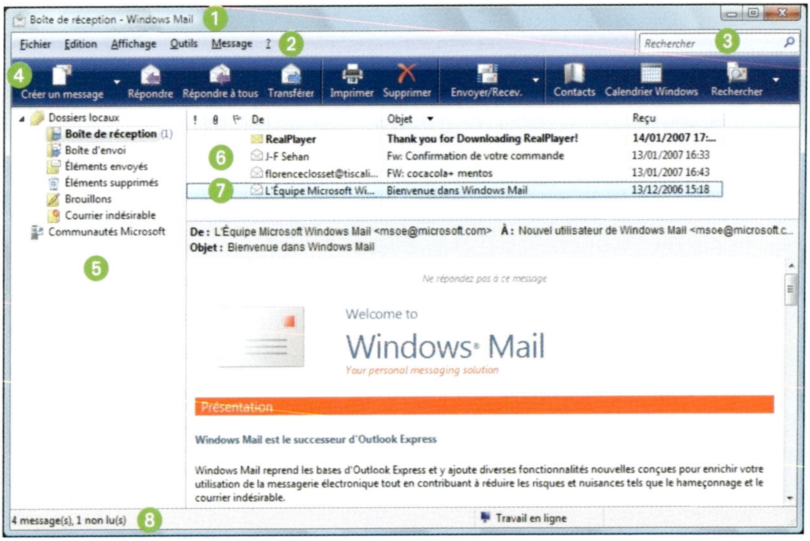

Barre d'outils de Windows Mail

1. Créer un nouveau message et choisir le papier à lettres
2. Répondre à l'expéditeur du message sélectionné
3. Répondre à l'expéditeur et à tous les destinataires du message sélectionné
4. Réexpédier le message sélectionné à d'autres destinataires
5. Imprimer le message sélectionné
6. Supprimer le message sélectionné
7. Envoyer et recevoir les messages
8. Afficher la liste des contacts
9. Ouvrir le calendrier Windows
10. Rechercher des messages

Rédigez un message

La composition d'un message est très simple. Vous donnez l'adresse de votre correspondant, vous saisissez une phrase définissant l'objet du message, puis vous tapez le message lui-même.

Une adresse mail est composée de deux parties. La première correspond au nom ou au pseudonyme du destinataire, par exemple jean.dupont. La seconde correspond au nom du fournisseur d'accès Internet qui gère la messagerie, par exemple free.fr. Ces deux parties sont séparées par le symbole @ (prononcez *arobase*, *at* ou *chez*). Pour obtenir ce caractère, tapez **Alt Gr** + **à**. Dans notre exemple, l'adresse complète est donc `jean.dupont@free.fr`.

1 Cliquez le bouton **Créer un message** dans la barre d'outils.
Une fenêtre s'ouvre pour vous permettre de rédiger votre message.

2 Tapez dans la zone **À** l'adresse mail du correspondant.

Coup de loupe

Si vous avez déjà échangé du courrier avec une personne, une liste vous propose des adresses correspondant au début de votre saisie. Si vous expédiez le message à plusieurs personnes, séparez les adresses par des points-virgules. Vous pouvez aussi expédier une copie à d'autres destinataires en tapant leur adresse dans la zone **Cc**. Pour expédier le message à l'insu des personnes des zones **À** et **Cc**, tapez les adresses dans la zone **Cci** (si cette zone n'apparaît pas, cliquez le menu **Affichage** ▶ **Tous les en-têtes**). Pour accéder à votre carnet d'adresses, cliquez le bouton **À**.

3 Tapez dans la zone **Objet** quelques mots pour décrire le sujet du message. Votre correspondant verra cette phrase avant de découvrir le contenu du message.

4 Tapez le contenu du message dans la zone inférieure de la fenêtre.

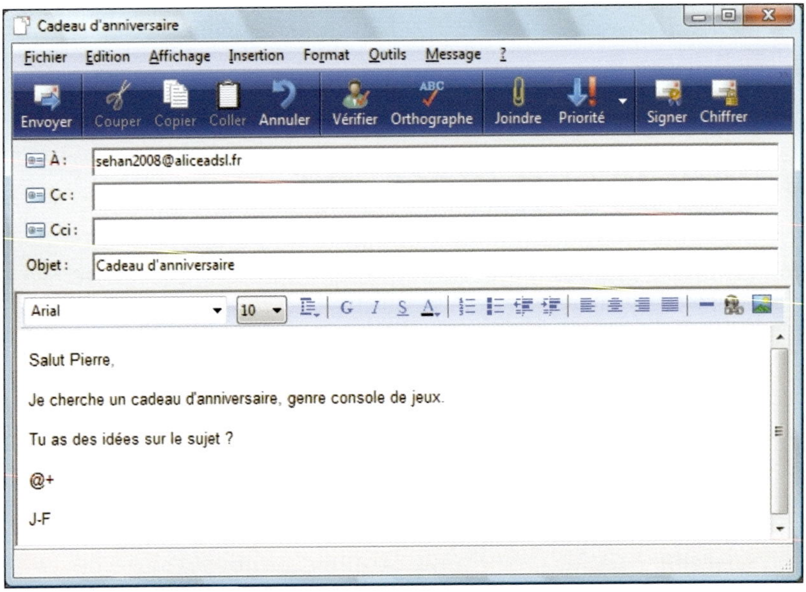

5 Cliquez le bouton **Envoyer** dans la barre d'outils.

Utiliser le carnet d'adresses

Comme il n'est pas facile de se souvenir de toutes les adresses mail, accédez directement au carnet d'adresses pour les ajouter à vos messages.

1 Pour rechercher les destinataires dans le carnet d'adresses, cliquez le bouton **À** dans le message.

2 Tapez dans la zone **Entrez le nom ou sélectionnez-le dans la liste** le début du nom du contact pour le localiser plus facilement.

3 Cliquez le contact souhaité dans la liste **Nom**.

4 Cliquez le bouton **À**, afin d'ajouter le contact à la zone **À**. Vous pouvez aussi ajouter un contact dans la zone **À** en le double-cliquant dans la liste de gauche.

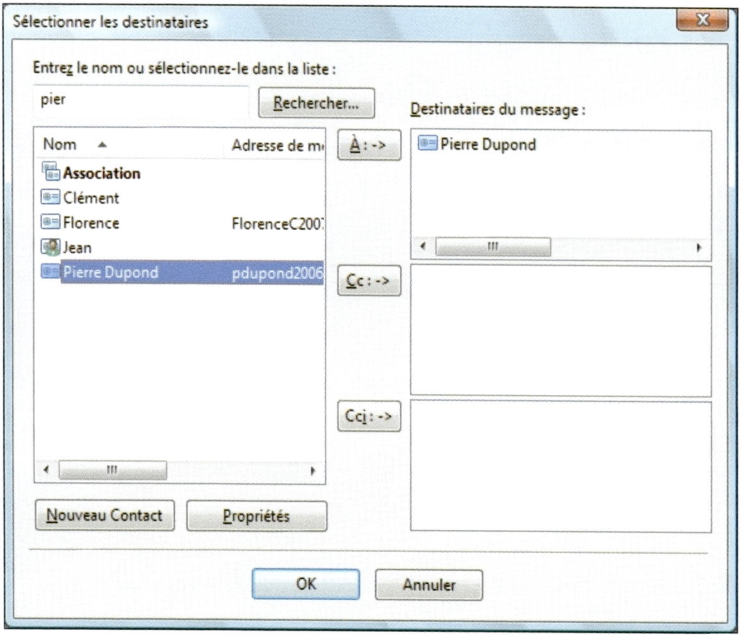

5 Pour adresser une copie du message à un autre contact, répétez les étapes **2** et **3** puis cliquez **Cc**.

6 Pour ajouter une copie du message à un autre contact à l'insu des destinataires des zones **À** et **Cc**, répétez les étapes **2** et **3**, puis cliquez **Cci**.

7 Cliquez le bouton **OK**.

Vérifier les destinataires

Si vous tapez les adresses mail sans passer par le carnet d'adresses, vérifiez-les.

Cliquez le bouton **Vérifier** dans la barre d'outils.

Les noms vérifiés sont soulignés dans les zones **À**, **Cc** et **Cci**.

Coup de loupe

Si des noms ne sont pas vérifiés, Windows Mail ouvre une boîte pour trouver une correspondance ou pour créer un nouveau contact.

Vérifier l'orthographe

Windows Mail peut vous aider à traquer les fautes d'orthographe.

1 Cliquez le texte du message.

2 Cliquez le bouton **Orthographe** dans la barre d'outils.

3 Suivez les instructions de la boîte qui s'ouvre pour corriger l'orthographe.

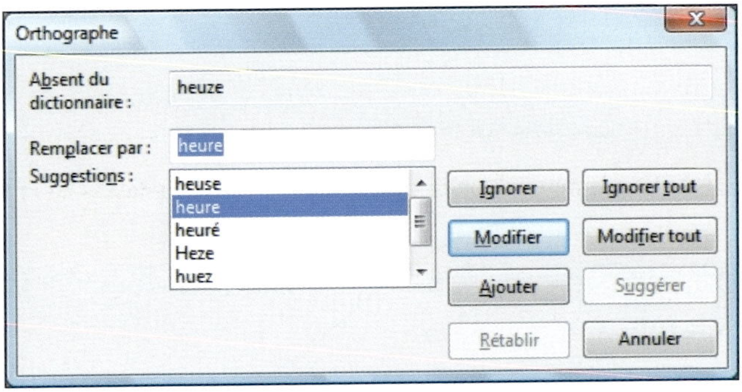

Mettez en forme vos messages

En plus des mises en forme classiques que l'on retrouve dans les traitements de texte, Windows Mail vous propose de personnaliser vos messages avec des couleurs, des images et des papiers à lettres.

1 Créez un nouveau message.

2 Assurez-vous que l'option du menu **Format** ▶ **Texte enrichi (HTML)** est bien cochée.

3 Sélectionnez le texte à mettre en forme dans le corps du message.

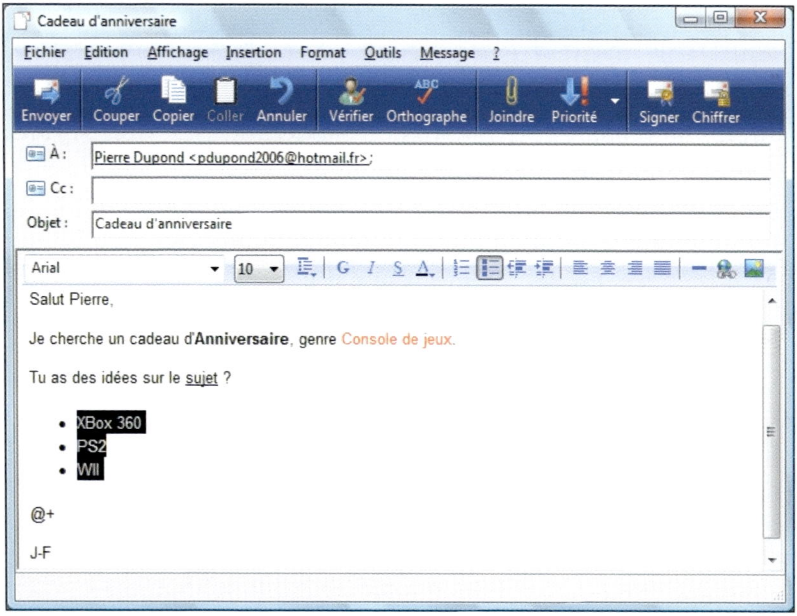

4 Cliquez un des boutons de mise en forme dans la barre d'outils au-dessus du texte du message.

Coup de loupe

Pour mettre en forme votre texte, utilisez les boutons suivants : Arial police de caractères, 10 taille de la police, style du paragraphe, G gras, I italique, S souligné, A couleur des caractères, liste numérotée, liste à puces, diminuer le retrait à gauche du paragraphe, augmenter le retrait à gauche du paragraphe, aligner le paragraphe à gauche, centrer le paragraphe, aligner le paragraphe à droite, justifier le paragraphe, insérer une ligne horizontale, insérer un lien (pour qu'un texte soit transformé en lien, sélectionnez-le, cliquez , tapez l'adresse puis cliquez **OK**, et insérer une image.

Personnalisez un message

En plus des mises en forme vues précédemment, Windows Mail vous propose de personnaliser vos messages avec des couleurs, des images et des papiers à lettres.

Colorer le fond du message

1 Cliquez le menu **Format** ▸ **Arrière-plan** ▸ **Couleur**.

2 Cliquez la couleur souhaitée dans la liste.

Insérer une image d'arrière-plan

1 Cliquez le menu **Format** ▸ **Arrière-plan** ▸ **Image**.

2 Sélectionnez une image dans la liste **Fichier**. Cliquez le bouton **Parcourir** pour insérer une image personnelle.

3 Cliquez le bouton **OK**.

Insérer une image

1 Cliquez là où devra apparaître l'image dans le corps du message.

2 Cliquez le menu **Insertion** ▸ **Image**, ou cliquez le bouton dans la barre de mise en forme.

3 Cliquez le bouton **Parcourir**, puis recherchez l'image sur votre disque dur.

4 Cliquez le bouton **OK**.

L'image apparaît là où se trouvait le point d'insertion.

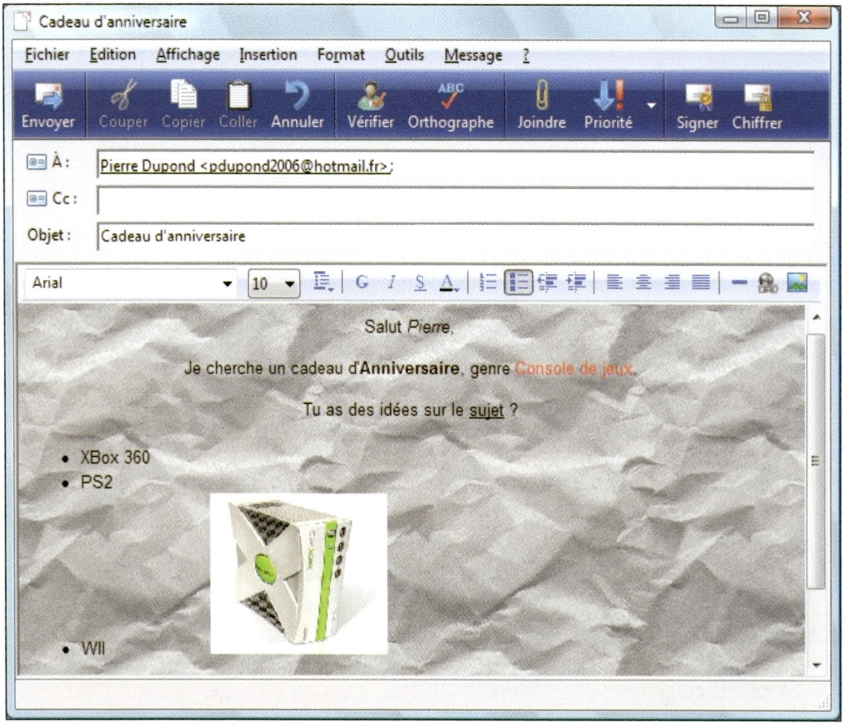

Choisir un papier à lettres

Un papier à lettres personnalise vos messages. Il applique une image d'arrière-plan et modifie aussi les polices et les marges.

Cliquez le menu **Format** ▶ **Appliquer le papier à lettres**, puis le papier à utiliser.

Coup de main

Cliquez le menu **Format** ▶ **Appliquer le papier à lettres** ▶ **Plus de papier à lettres** pour agrandir le choix. Pour définir le papier à lettres à la création d'un message, cliquez la flèche en regard du bouton **Créer un message**, puis cliquez un papier à lettres.

Le papier à lettres choisi est appliqué au corps du message.

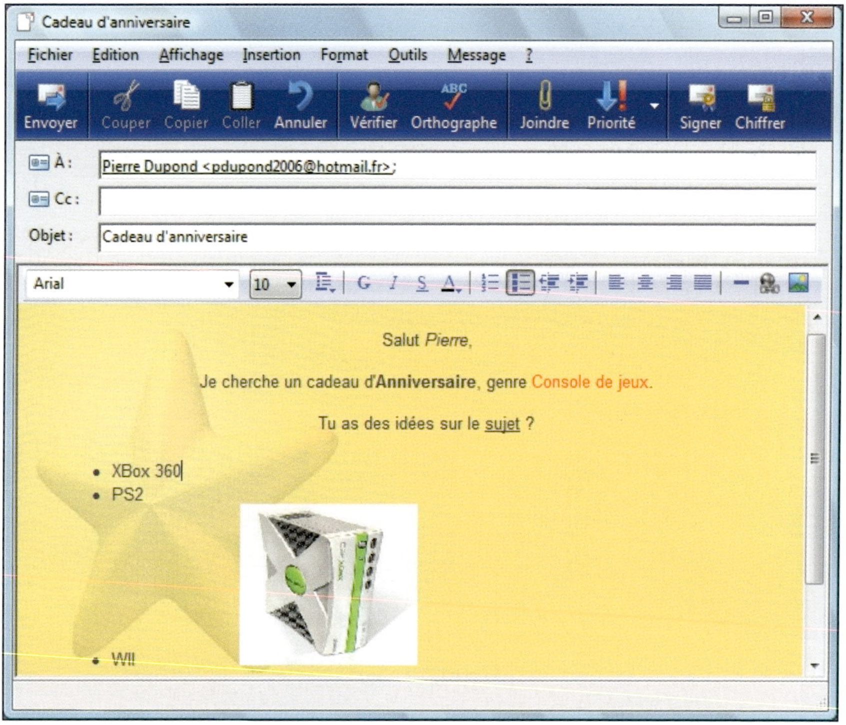

Attirer l'attention sur les messages expédiés et reçus

Pour attirer l'attention sur un message, ajoutez un niveau de priorité. Vous pouvez aussi indiquer au destinataire que vous désirez qu'il confirme sa réception.

1 Cliquez le menu **Message** ▶ **Définir la priorité**.

2 Cliquez la priorité à appliquer (**Élevée**, **Normale** ou **Basse**). Notez que le niveau choisi ne change pas le délai de remise du message.
Windows Mail indique par un message au-dessus de la zone **À** ou **De** le niveau des priorités élevées ou basses. Les symboles de priorité ! ou ⬇ apparaissent à gauche du message dans la colonne !.

3 Pour demander une confirmation de votre message, cliquez le menu **Outils** ▸ **Demandez une confirmation de lecture** pour cocher l'option.

Recevoir une demande de confirmation

1 Cliquez un message avec confirmation de lecture.
En cas de demande de confirmation, la boîte de la figure ci-dessous s'affiche.

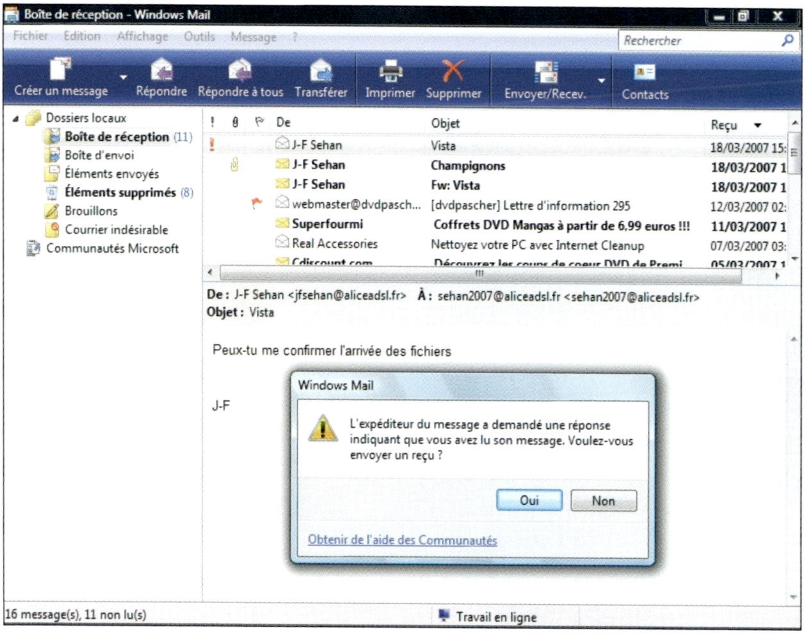

2 Cliquez le bouton **Oui** pour que Windows Mail génère automatiquement un message de confirmation de lecture, ou cliquez le bouton **Non** pour ignorer la demande.

L'objet d'un message de confirmation est précédé du mot **Lu**.

Ajoutez un fichier au message

En plus du texte des messages, vous pouvez expédier des fichiers de différents types : documents, images, logiciels, *etc.*

1 Dans la fenêtre du message, cliquez le menu **Insertion** ▶ **Pièce jointe** ou cliquez le bouton **Joindre** dans la barre d'outils.

2 Sélectionnez le dossier dans le volet de navigation.

3 Cliquez le nom du fichier à expédier en même temps que le message. Vous pouvez sélectionner plusieurs fichiers avec les touches **Ctrl** et **Maj**.

4 Cliquez le bouton **Ouvrir**.

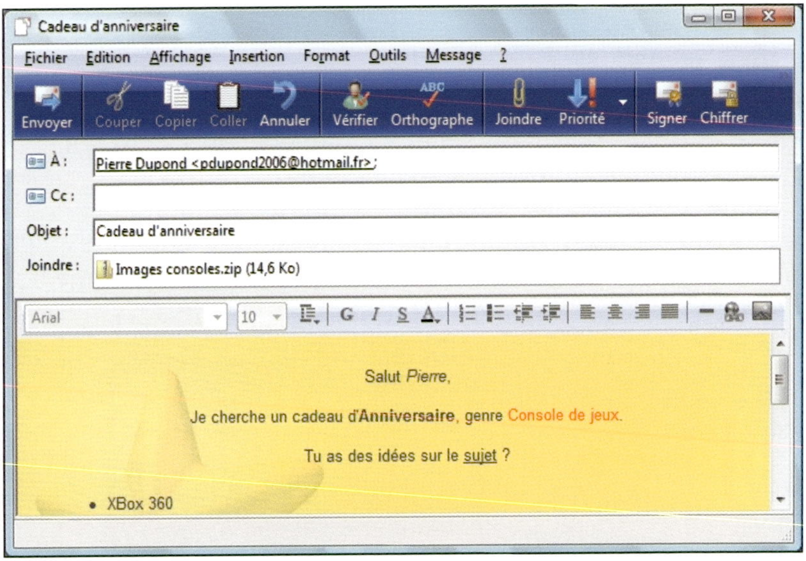

Le nom du fichier apparaît dans la zone **Joindre**.

Coup de loupe

Voici quelques conseils pour l'expédition des pièces jointes :

- ✓ N'expédiez des fichiers de grande taille que si c'est indispensable, car l'envoi et la réception risquent d'être très longs.
- ✓ Si votre envoi est refusé, vous avez peut-être dépassé certaines limites fixées par votre fournisseur d'accès (taille maximale des messages ou taille globale de la boîte de réception).
- ✓ Si vous expédiez un document d'un format particulier, assurez-vous que le destinataire possède le logiciel adéquat pour l'ouvrir.

Envoyez et recevez des messages

Vous devez vous connecter à votre serveur de messagerie pour vérifier si vous avez reçu de nouveaux messages. Il est aussi possible que des messages non expédiés soient en attente dans le dossier Boîte d'envoi (le chiffre entre parenthèses qui suit le dossier Boîte d'envoi indique le nombre de ces messages). Pour cela, cliquez simplement le bouton **Envoyer/Recevoir**. La boîte de dialogue de la figure ci-dessous indique la progression de l'expédition et de la réception du courrier.

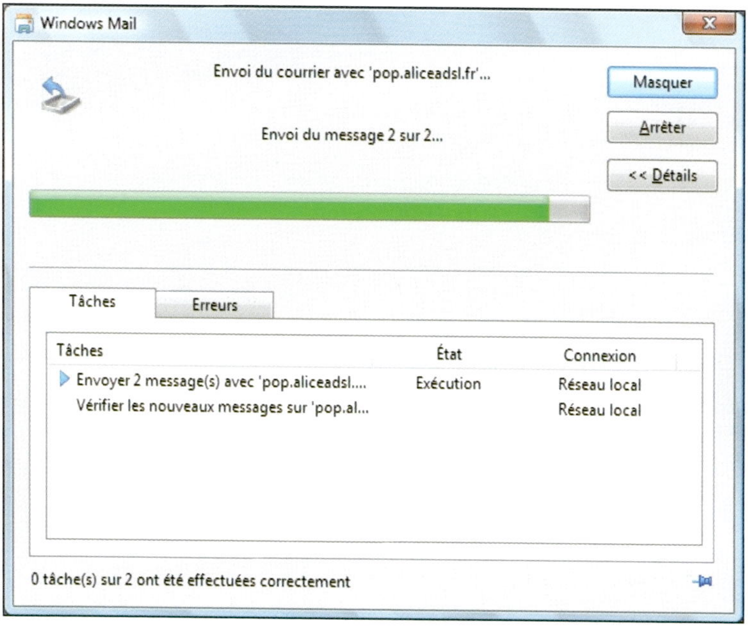

Consultez les messages reçus

Le nouveau courrier est placé dans le dossier Boîte de réception. Ouvrez-le pour lire vos messages (le chiffre entre parenthèses qui suit le dossier Boîte de réception indique le nombre de messages non lus).

1 Cliquez le dossier **Boîte de réception** dans la partie de gauche (liste des dossiers). La partie de droite affiche la liste des messages de ce dossier. Les messages non lus sont en gras.

2 Cliquez le message à lire (vous pouvez aussi double-cliquer un message pour l'afficher dans une nouvelle fenêtre).

Le message s'affiche dans la partie inférieure droite (volet de visualisation).

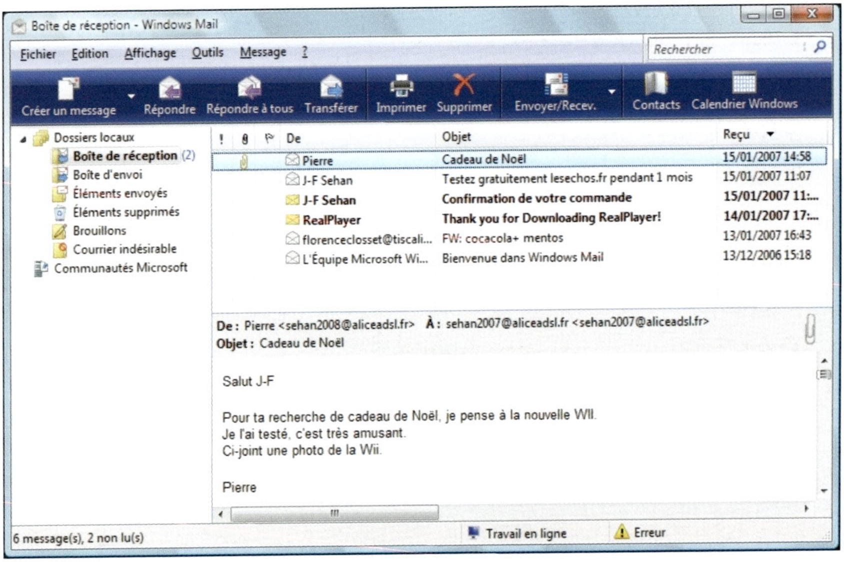

Visualisez ou enregistrez des pièces jointes à un message

Si le message contient une pièce jointe, le bouton apparaît en haut à droite du message. Consultez-la ou enregistrez-la pour la conserver.

1 Cliquez le bouton dans le message.

2 Cliquez le nom du fichier dans la liste qui s'ouvre.

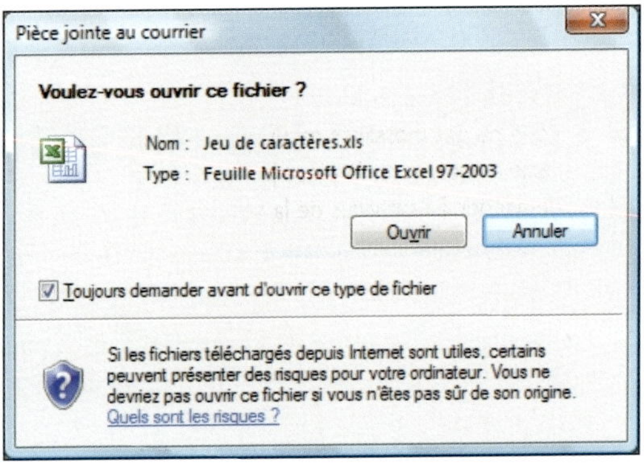

Pour des questions de sécurité, Windows Mail demande s'il doit ouvrir le fichier. En effet, si le fichier est en réalité un virus, il est plus prudent de ne pas l'ouvrir mais de l'enregistrer pour le vérifier avec un antivirus. Dans tous les cas, n'ouvrez pas des fichiers dont vous ne connaissez pas l'expéditeur (pour protéger votre PC avec un antivirus, consultez le chapitre 12). Certains fichiers, comme les images, s'ouvrent directement sans ouvrir la boîte d'avertissement.

3 Cliquez l'option **Ouvrir** si vous connaissez la provenance du fichier.

4 Cliquez le bouton **OK**.

Le fichier s'ouvre avec l'application qui lui est associée.

Pour enregistrer directement une pièce jointe :

1 Cliquez le bouton  dans le message.

2 Cliquez la commande **Enregistrer les pièces jointes** dans la liste qui s'affiche.

3 Cliquez le nom du fichier à enregistrer dans la boîte qui s'ouvre.

4 Cliquez le bouton **Enregistrer**.

Coup de loupe

Suivez ces conseils pour la réception des pièces jointes :

- ✓ Méfiez-vous des fichiers joints dont vous ne connaissez pas la provenance. Ils peuvent contenir des virus et détruire les données de votre ordinateur. Méfiez-vous particulièrement des fichiers avec l'extension .exe, .com, .scr, .js ou .vb (la liste n'est pas exhaustive).
- ✓ Si votre logiciel antivirus ne vérifie pas le contenu des messages reçus, il est préférable d'enregistrer la pièce jointe puis de demander à l'antivirus de la vérifier.
- ✓ Méfiez-vous des types de fichiers. À chaque type de fichier est associée une icône précise. Pour vérifier l'association type/icône, visualisez des fichiers du même type dans l'Explorateur Windows. Si l'icône ne correspond pas, n'ouvrez pas le fichier. Certains fichiers sont nommés avec un nom ordinaire (par exemple, Image.jpg), suivi d'une centaine d'espaces puis de la véritable extension (par exemple .exe).

Répondez à vos messages

Si vous devez donner suite à un message, vous pouvez facilement y répondre sans ajouter le nom de l'expéditeur d'origine.

1 Cliquez le message auquel vous désirez répondre.

2 Cliquez le bouton **Répondre** dans la barre d'outils.
Vous retrouvez la même fenêtre que pour la création d'un message. Le nom du destinataire se trouve déjà dans la zone **À**. L'objet du message est le même que celui de l'expéditeur, mais il est précédé du mot **Re** pour indiquer une réponse. La zone du message contient le texte d'origine.

3 Ajoutez votre réponse dans le corps du message, puis cliquez le bouton **Envoyer**.

Transférez un message

Si un message reçu peut intéresser une ou plusieurs autres personnes, transférez-le pour ne pas avoir à le retaper.

1 Cliquez le message que vous désirez transférer.

2 Cliquez le bouton **Transférer**.

3 Tapez ou recherchez le(s) destinataire(s) du transfert comme pour n'importe quel autre message.

4 Tapez le motif de transfert avant le début du texte du message d'origine.

5 Cliquez le bouton **Envoyer**.

Si le message d'origine contenait des pièces jointes, elles sont aussi transférées.

Recherchez des messages

Vous voulez retrouver un message parmi les centaines de messages enregistrés dans vos dossiers ? Demandez un coup de main à Windows Mail.

1 Cliquez du bouton droit le dossier où doit s'effectuer la recherche, ou cliquez du bouton droit **Dossiers locaux** pour une recherche sur tous les dossiers.

2 Cliquez la commande **Rechercher** dans le menu contextuel.

3 Tapez les mots recherchés dans les zones proposées.

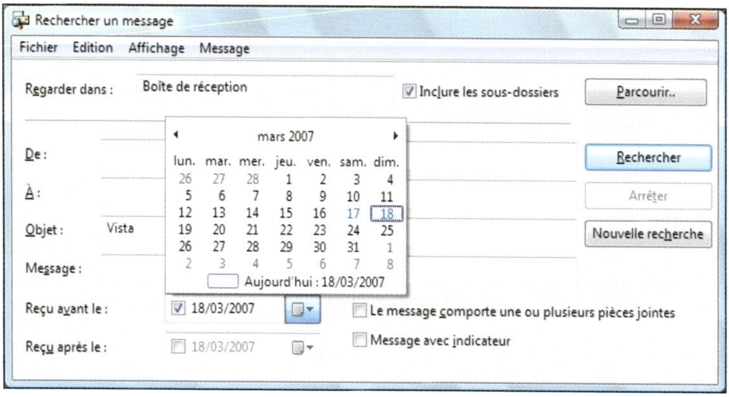

4 Cliquez les flèches des zones **Reçu avant le** et **Reçu après le** pour sélectionner des dates dans un calendrier. Pour ne pas limiter la recherche dans le temps, décochez ces zones.

5 Cliquez le bouton **Rechercher**.
La liste en bas de la boîte de recherche affiche les messages répondant aux critères.

6 Pour ouvrir un message, double-cliquez-le.

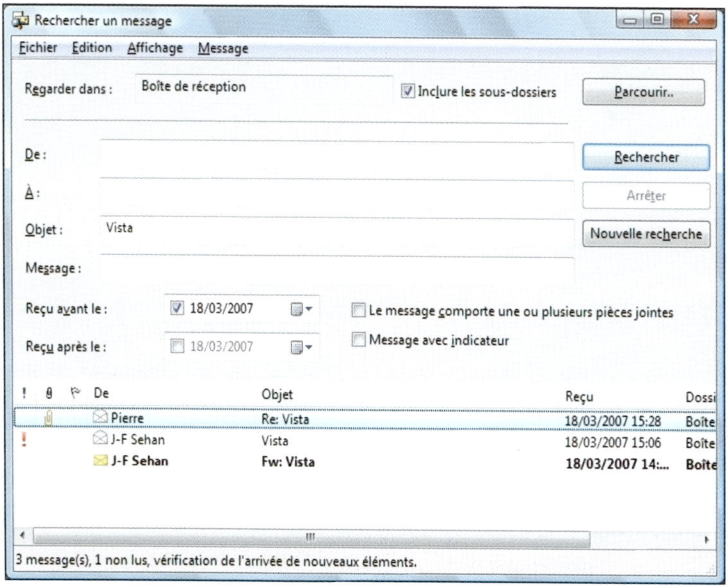

7 Cliquez le bouton pour fermer la boîte de recherche.

Pour effectuer une rechercher rapide :

1 Sélectionnez le dossier où doit s'effectuer la recherche.

2 Tapez un mot-clé dans la zone **Rechercher** (en haut à droite).

Windows Mail n'affiche que les messages qui contiennent le ou les mots-clés.

Filtrez et triez des messages

Pour accéder rapidement aux messages qui vous intéressent, filtrez-les et triez-les. Vous pourrez ainsi masquer les messages lus et vous concentrer sur les derniers messages reçus.

Filtrer les messages

1 Cliquez le dossier à réorganiser.
Les messages non lus sont en gras.

2 Cliquez le menu **Affichage** ▶ **Affichage actuel** ▶ **Masquer les messages lus**.

3 Cliquez le menu **Affichage** ▶ **Affichage actuel** ▶ **Afficher tous les messages** pour rétablir la liste normale.

Trier les messages

1 Cliquez un en-tête pour trier les messages d'après cette colonne.

2 Répétez l'étape **1** pour inverser le tri (ordre croissant ou décroissant).

Supprimez des messages

N'encombrez pas inutilement vos dossiers : supprimez les messages obsolètes, inutiles, voire parasites.

Supprimer un message

1 Cliquez le message à supprimer pour le sélectionner.

2 Appuyez sur la touche **Suppr**.

Le message est transféré dans le dossier **Éléments supprimés**.

Coup de main

Pour supprimer directement le message, appuyez sur les touches **Maj** + **Suppr** puis cliquez le bouton **Oui** pour confirmer.

Supprimer définitivement un message

1 Cliquez le dossier **Éléments supprimés**.

2 Cliquez le message pour le sélectionner puis appuyez sur la touche **Suppr**.

3 Cliquez le bouton **Oui** pour confirmer.

Coup de loupe

Pour supprimer tous les messages, cliquez du bouton droit le dossier **Éléments supprimés**, puis cliquez la commande **Vider le dossier Éléments supprimés** dans le menu contextuel.

Vérifiez le courrier indésirable et l'hameçonnage

Les spams, appelés aussi pourriels, sont des courriels publicitaires non désirés. Ils vous proposent toujours un lien vers l'adresse du spammer, puis vous redirigent vers un site de vente légale ou illégale. Si vous effectuez des achats, le spammer touche sa commission.

Windows Mail vérifie automatiquement vos messages et élimine les spams. Ils sont déplacés vers le dossier Courrier indésirable. Vous êtes averti des courriers indésirables par une boîte de dialogue.

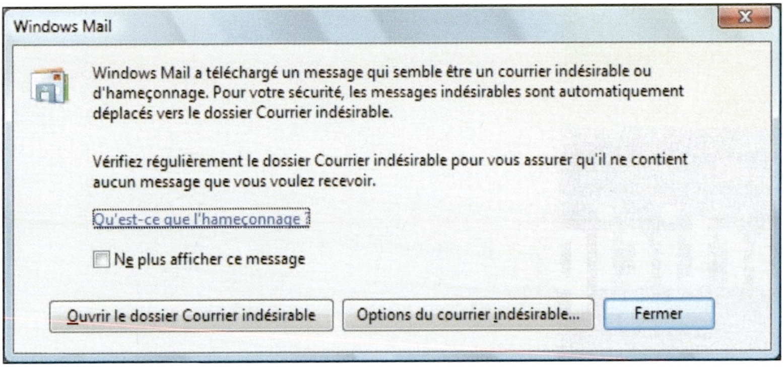

Même si ce tri fonctionne convenablement, il est préférable de vérifier si de bons courriers n'ont pas été transférés par mégarde dans ce dossier.

1 Cliquez le dossier **Courrier indésirable**.

2 Vérifiez la liste des messages.

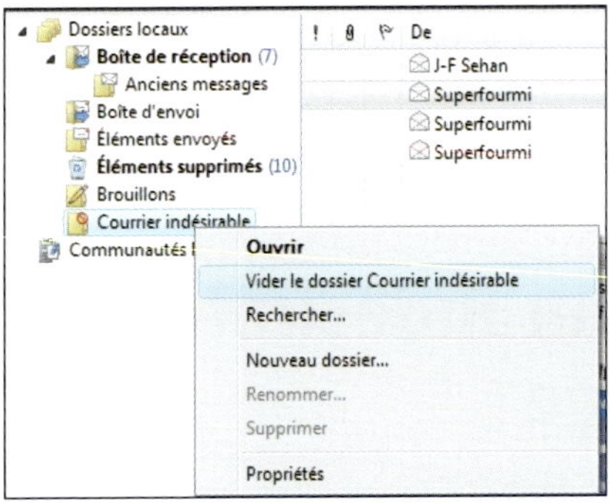

3 Si vous trouvez un courrier déplacé par erreur, affichez-le puis cliquez le bouton **Courrier légitime** dans la barre d'outils.

4 Après cette vérification, cliquez du bouton droit le dossier **Courrier indésirable**, puis cliquez **Vider le dossier Courrier indésirable** dans le menu contextuel.

Windows Mail se charge aussi d'éliminer les courriers d'hameçonnage. Si un tel courrier vous parvient, une boîte de dialogue vous prévient du danger.

Ces courriers apparaissent en rouge dans le dossier Boîte de réception. Pour des informations complémentaires sur l'hameçonnage, consultez la fin du chapitre 5.

Chapitre 10

Participez aux groupes de discussion

Dans ce chapitre

- ✓ Configurez un serveur de groupes
- ✓ Abonnez-vous à des groupes de discussion
- ✓ Consultez et répondez aux messages
- ✓ Postez un nouveau message
- ✓ Effectuez la maintenance

Vous avez un loisir favori, comme la photographie, le bricolage ou la cuisine ? Discutez-en avec des milliers d'autres passionnés. Parmi plus de 120 000 groupes, vous trouverez bien celui qui correspond à votre sujet de prédilection.

Les groupes de discussion sont des messageries publiques, par opposition à la messagerie personnelle du chapitre précédent. Vous pouvez lire les messages, et les autres personnes peuvent lire les vôtres. Ils permettent aussi de répondre aux messages dans le groupe, ou de répondre directement à leur auteur. Comme la messagerie personnelle, les groupes de discussion sont gérés par Windows Mail.

Configurez un serveur de groupes

Pour accéder aux groupes de discussion, vous devez configurer votre serveur de news. Cela n'est pas toujours fait automatiquement à l'installation de votre connexion Internet, ni à la création d'un compte de messagerie.

1. Ouvrez Windows Mail (bouton **Démarrer** ▶ **Courrier électronique**).
2. Cliquez le menu **Outils** ▶ **Comptes**.
3. Cliquez le bouton **Ajouter**.
4. Cliquez **Compte de groupe de discussion** dans la liste **Quel type**.
5. Cliquez le bouton **Suivant**.
6. Tapez le nom qui doit apparaître quand vous postez un message (votre nom ou un pseudonyme).

Coup de loupe

Il est d'usage de rester anonyme dans les groupes. Les utilisateurs des news utilisent presque toujours un pseudonyme. Ne fournissez jamais de données personnelles : nom et prénom, adresse, téléphone, *etc.* Ces renseignements ne doivent être communiqués que dans des messages personnels.

7. Cliquez le bouton **Suivant**.
8. Tapez votre adresse de messagerie pour que l'on puisse vous répondre directement sans passer par le groupe.

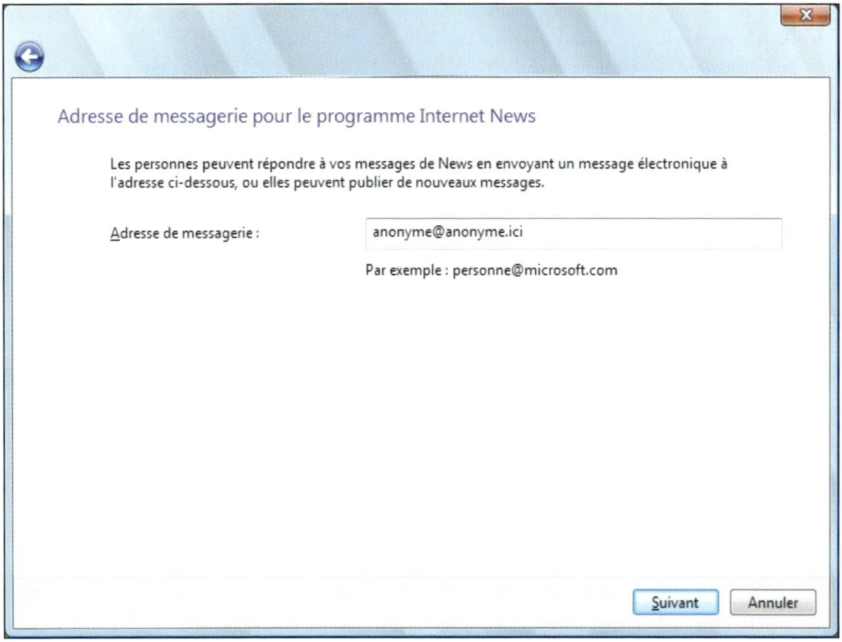

Coup de main

Tapez une fausse adresse si vous ne désirez pas que l'on vous réponde directement (`anonyme@anonyme.ici`, par exemple). Attention ! Des robots lisent les messages des groupes de discussion à la recherche d'adresses électroniques pour expédier des courriers non désirés, généralement des publicités (spams). Pour éviter cela, et si vous voulez quand même donner votre adresse, modifiez-la légèrement et précisez dans votre texte la manière d'obtenir la véritable adresse : par exemple, tapez l'adresse `durant@wanadoo.com` et précisez qu'il est nécessaire de remplacer `.com` par `.fr`. Le robot expédiera des messages à l'adresse `durant@wanadoo.com` et non à l'adresse `durant@wanadoo.fr`.

9 Cliquez le bouton **Suivant**.
Toutes les indications nécessaires à la création d'un compte de news vous sont transmises par votre fournisseur d'accès ou le site qui vous propose ce service. Consultez les documents en votre possession.

10 Tapez le nom du serveur (qui débute généralement par le mot news).

11 Cochez la case **Connexion à mon serveur de News requise** si le serveur nécessite un nom d'utilisateur et un mot de passe.

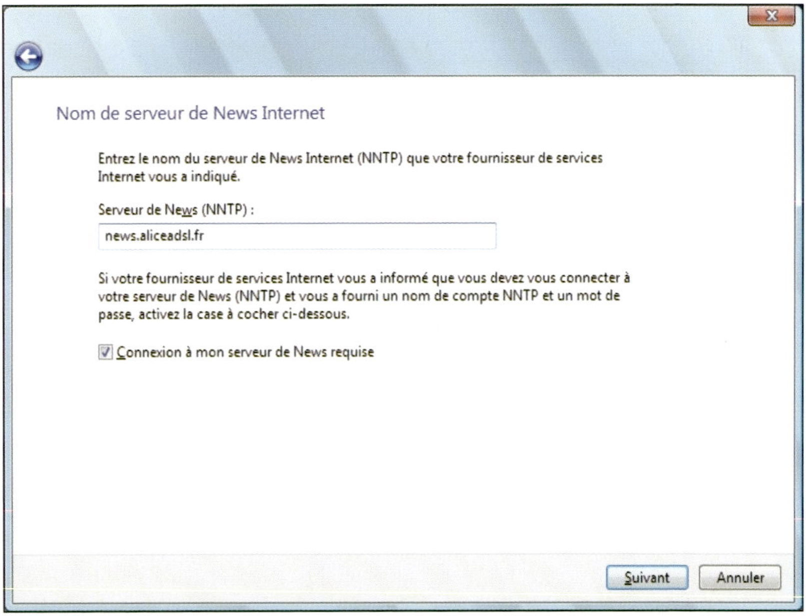

12 Cliquez le bouton **Suivant**. Si vous n'avez pas coché la case **Connexion à mon serveur de News requise**, passez à l'étape **17**.

13 Saisissez votre nom d'utilisateur dans la première zone.

14 Saisissez votre mot de passe dans la seconde zone.

15 Cochez **Mémoriser le mot de passe** pour ne pas le retaper à chaque connexion.

Coup de loupe

Vous pouvez cocher sans inquiétude l'option **Mémoriser le mot de passe**. Il n'y a pas ici de problème de confidentialité puisque les groupes de discussion sont publics !

16 Cliquez le bouton **Suivant**.

17 Cliquez le bouton **Terminer** dans la dernière boîte.

Vous pouvez à tout moment vérifier un compte en cliquant le menu **Outils** ▸ **Comptes**, en sélectionnant le nom du compte dans la liste News, puis en cliquant le bouton **Propriétés**. Vous pouvez créer plusieurs comptes de news.

Pour accéder aux groupes de discussion, vous devez en télécharger la liste. Cette opération peut être longue, mais elle n'a lieu qu'une seule fois. Windows Mail téléchargera automatiquement les nouveaux groupes, et uniquement eux, à chaque nouvelle session.

Cliquez un des liens **Afficher les groupes...** pour télécharger la liste des groupes. Le premier lien ajoute un compte pour les communautés Microsoft.

Windows Mail se connecte au serveur de news et télécharge la liste des groupes de discussion disponibles.

Un nouveau dossier apparaît en dessous de ceux réservés à la messagerie.

Coup de main

Il est fort probable que votre fournisseur d'accès ne vous propose pas les 120 000 groupes dont nous avons parlé dans l'introduction de ce chapitre. En réalité, chaque fournisseur décide de ceux auxquels vous pouvez vous abonner. Si vous ne trouvez pas le groupe qui vous intéresse, faites une demande auprès de votre FAI. Si ce dernier n'accepte pas, vous pouvez toujours souscrire un abonnement à un serveur spécialisé comme `www.newsfeed.com`. Il vous en coûtera de 5 € à 20 € par mois en fonction des services proposés. Sachez cependant que beaucoup de groupes ne sont pas accessibles car illégaux ou traitant de sujets sensibles. L'accès aux groupes est aussi régi par les lois de votre pays.

Abonnez-vous à des groupes de discussion

Comme il existe des dizaines de milliers de groupes, vous devez vous abonner à ceux qui vous intéressent. Sélectionnez les plus intéressants : ne vous abonnez pas à des groupes que vous ne lirez jamais.

1 Cliquez le dossier du compte de news.

2 Cliquez **Oui** dans la boîte qui vous indique que vous n'êtes abonné à aucun groupe de discussion.

3 Cliquez le compte de news à utiliser dans la liste **Compte(s)**.

Le tableau ci-après donne la liste de quelques mots-clés pour trouver plus facilement des groupes de discussion.

Mot-clé	Signification	Type de groupe
Alt	*Alternative*	Divers
Binaries		Propose des fichiers (images, programmes, vidéos, *etc.*)
Biz	*Business*	Affaires
Comp	*Computer*	Informatique
Ieee		Électronique
K12		Éducation
News		Nouveautés Internet
Rec	*Recreation*	Loisirs, divertissements
Sci	*Science*	Scientifique
Soc	*Society*	Problèmes de société
Fr		France
Be		Belgique
UK		Angleterre
De		Allemagne

Mot-clé	Signification	Type de groupe
US		États-Unis
Can		Canada

4 Tapez dans la zone **Afficher les groupes** un ou plusieurs mots-clés pour sélectionner des groupes (par exemple « fr. » pour obtenir la liste des groupes français).

5 Cliquez le nom du groupe qui vous intéresse dans la liste en dessous.

6 Cliquez le bouton **S'abonner**.

Coup de main

Pour obtenir la liste des groupes de discussion francophones, consultez le site `www.usenet-fr.net`.

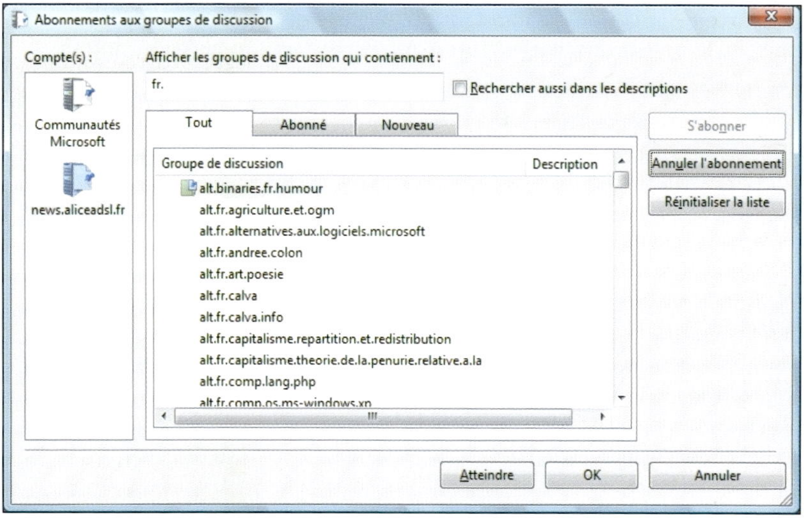

Une icône indique les groupes auxquels vous êtes abonné.

7 Répétez les étapes **5** et **6** pour les autres groupes. Le bouton **Réinitialiser la liste** permet de télécharger l'intégralité des groupes proposés sur votre serveur de news.

8 Cliquez le bouton **OK**.

Coup de main

Pour tester les groupes de discussion, choisissez-en un contenant le mot « test ». N'expédiez pas de messages d'essai dans les autres groupes, sous peine de vous faire « invectiver ».

Vous pouvez à tout moment modifier la liste des abonnements en cliquant le menu **Outils** ▶ **Groupe de discussion** puis l'onglet **Abonné**.

Consultez et répondez aux messages

Windows Mail ne charge que les en-têtes des messages. Pour télécharger et lire un message, il suffit de cliquer son en-tête. Si les messages sont longs à télécharger, parce qu'ils contiennent des images par exemple, il suffit d'en cliquer plusieurs pour qu'ils soient téléchargés automatiquement les uns après les autres.

Lire les messages

1 Cliquez le groupe à consulter dans la liste des dossiers.

2 Cliquez le message à lire dans la liste de droite. Utilisez les boutons ▷ et ◢ pour développer ou réduire une discussion.

Le volet en bas à droite affiche le contenu du message après son téléchargement.

Windows Mail ne charge que les premiers en-têtes. C'est à vous de demander les en-têtes suivants. Cliquez pour cela le menu **Outils** ▶ **Obtenir les x en-têtes suivants**.

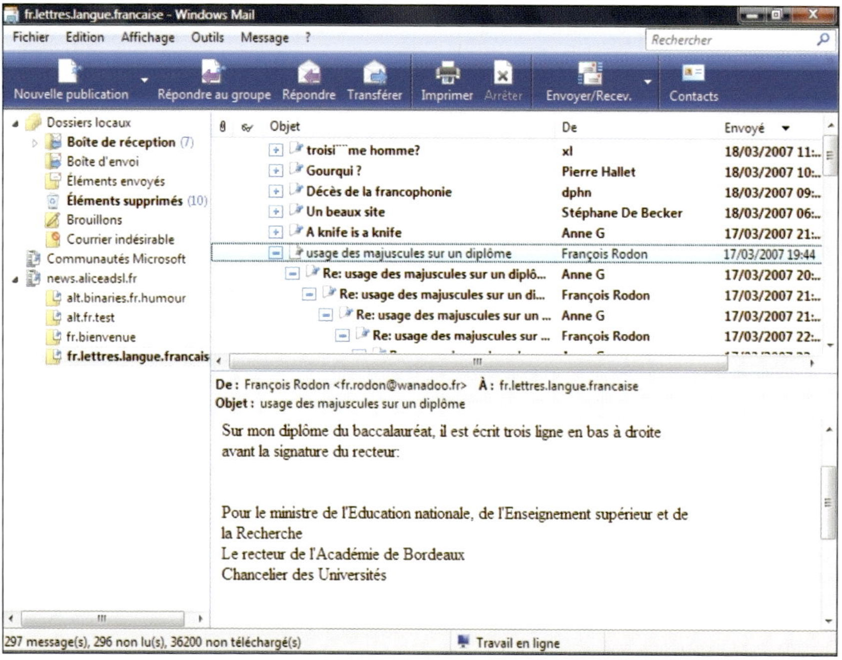

Coup de loupe

Pour définir le nombre d'en-têtes chargés sur le serveur quand vous cliquez le menu **Outils** ▸ **Obtenir les x en-têtes suivants**, cliquez le menu **Outils** ▸ **Options**. Cliquez l'onglet **Lecture** puis tapez le nombre d'en-têtes dans la zone **Télécharger** (entre 1 et 1000).

Répondre à un message

1 Cliquez le message auquel vous désirez répondre.

2 Cliquez le bouton **Répondre au groupe** dans la barre d'outils.
Windows Mail ouvre une fenêtre de message. La zone Groupes de discussion contient le nom du groupe.

3 Éventuellement, si vous désirez expédier une copie à une personne en plus du groupe, tapez son adresse mail dans la zone **Cc**.

4 Saisissez votre réponse dans le corps du texte.

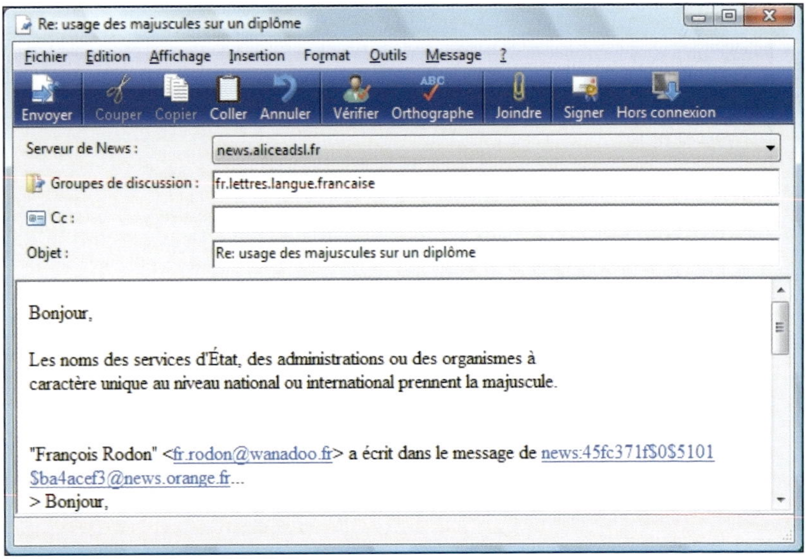

5 Cliquez le bouton **Envoyer**.

Comme pour tous les messages, votre réponse est expédiée immédiatement. Si vous avez bloqué l'expédition automatique, le message reste dans le dossier Boîte d'envoi. Cliquez alors le bouton **Envoyer/Recevoir** pour expédier vos messages dans la fenêtre principale de Windows Mail.

Reconstituer un message en plusieurs parties

Dans les groupes contenant le mot Binaries, on trouve des fichiers multimédias tels que des images ou des vidéos. Comme les serveurs n'acceptent pas les messages supérieurs à 1 Mo, les fichiers sont répartis dans plusieurs messages.

1 Cliquez la première partie du message (les différentes parties sont numérotées).

2 Maintenez la touche **Maj** enfoncée, puis cliquez la dernière partie du message. Toutes les parties du message sont alors sélectionnées.

3 Cliquez du bouton droit un des messages sélectionnés.

4 Cliquez **Combiner et décoder** dans le menu contextuel.

5 Si les messages ne sont pas dans le bon ordre, cliquez les messages à déplacer puis cliquez **Monter** ou **Descendre**.

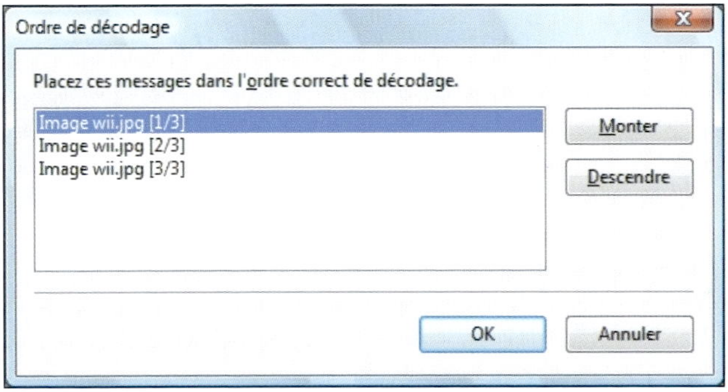

6 Cliquez le bouton **OK**.
Windows Mail télécharge tous les messages sélectionnés pour recréer le message. Le message reconstitué s'affiche dans une fenêtre séparée.

7 Si le message contenait des pièces jointes, cliquez l'une d'elles du bouton droit puis sélectionnez une action (ouverture ou enregistrement).

Postez un nouveau message

Pour poser des questions en rapport avec le sujet d'un groupe, postez un message. Consultez au préalable les FAQ (*Frequently Asked Questions* ou Foire Aux Questions) : elles contiennent peut-être déjà les réponses à vos questions.

1 Cliquez le groupe de discussion dans lequel vous désirez poster votre message.

2 Cliquez le bouton **Nouvelle publication** dans la barre d'outils.

Windows Mail ouvre la même fenêtre que pour un message ordinaire. Consultez le chapitre 9 pour des informations complémentaires.

Coup de loupe

Suivez ces conseils pour joindre des fichiers à vos messages :

- ✓ Vous pouvez joindre des fichiers à vos messages dans les groupes de discussion prévus à cet effet. Comme la procédure à suivre est la même que pour la messagerie, consultez le chapitre 9.
- ✓ Si vous postez des fichiers joints, il est peut-être nécessaire de les scinder en plusieurs parties. Pour définir la taille maximale des parties d'un message, cliquez le menu **Outils** ▶ **Comptes**. Cliquez le nom du compte de news puis le bouton **Propriétés**. Dans l'onglet **Avancé**, cochez la case **Scinder les messages supérieurs à**, puis tapez la taille en kilooctets.

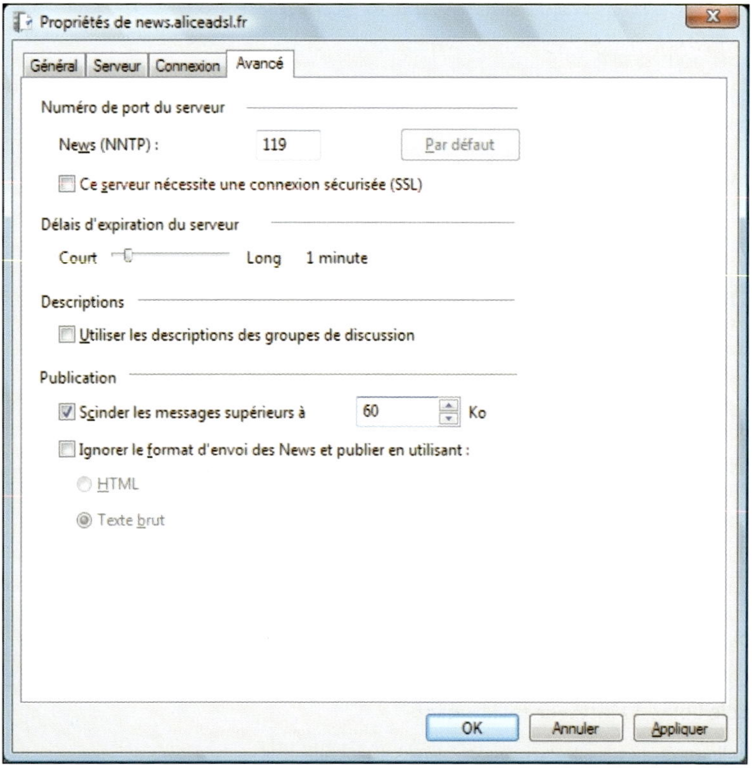

Effectuez la maintenance

Windows Mail conserve les en-têtes et même les corps des messages si vous en faites la demande. Faites du ménage de temps en temps pour libérer de la place sur votre disque dur.

1 Cliquez le menu **Outils** ▶ **Options**.

2 Cliquez l'onglet **Avancé**.

3 Cliquez le bouton **Maintenance**.

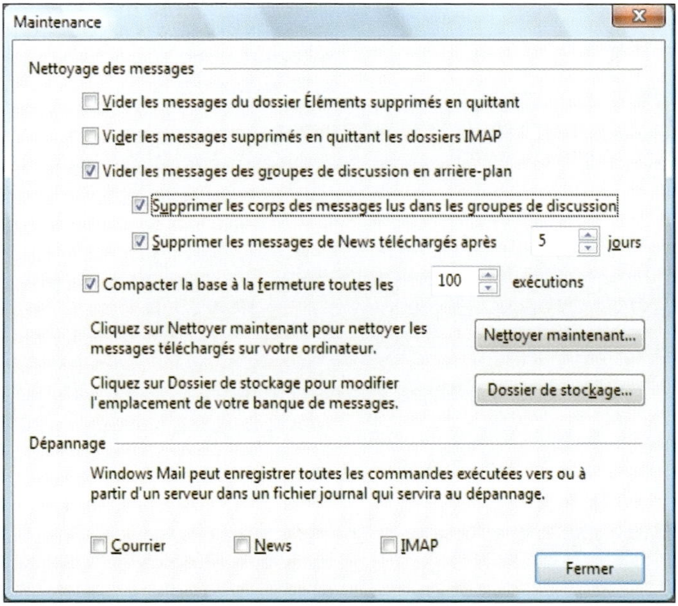

4 Cochez la case **Vider les messages des groupes de discussion en arrière-plan**.

5 Cochez la case **Supprimer les corps des messages lus dans les groupes de discussion** pour ne pas les conserver.

6 Cochez la case **Supprimer les messages de News téléchargés après** puis tapez le nombre de jours.

7 Cliquez le bouton **Nettoyer maintenant**.

8 Éventuellement, cliquez le bouton **Sélectionner** pour choisir le dossier.

9 Cliquez un des trois boutons proposés en fonction du type de nettoyage à effectuer.

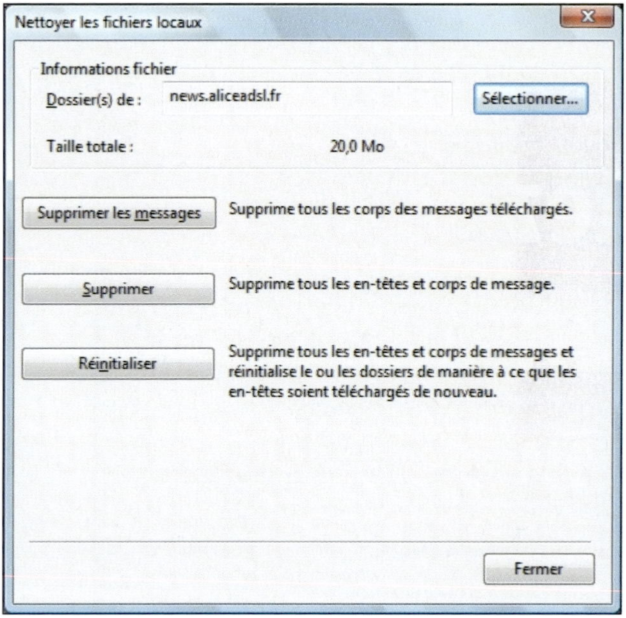

10 Après l'opération de nettoyage, cliquez le bouton **Fermer**.

Coup de loupe

Suivez ces conseils pour une maintenance plus efficace :

- ✓ Les fichiers Windows Mail, par défaut, sont stockés sur le disque C. Si vous désirez changer de disque ou de dossier, cliquez le bouton **Dossier de stockage** dans la boîte **Maintenance**.
- ✓ Les fichiers sont conservés sans être compressés. Pour forcer le compactage, tapez le nombre d'exécutions de Windows Mail à partir duquel il est nécessaire d'effectuer cette opération dans la zone **Compacter la base...** de la boîte **Maintenance**.

Chapitre 11

Profitez d'Internet avec Windows Vista

Dans ce chapitre

- ✓ Ajoutez des liens sur le Bureau
- ✓ Utilisez la barre Lancement rapide
- ✓ Utilisez la barre d'adresse
- ✓ Accédez rapidement à vos sites favoris
- ✓ Transformez les icônes du Bureau et de l'Explorateur en liens
- ✓ Ouvrez rapidement une page Internet

Vous aimeriez rendre votre ordinateur encore plus proche d'Internet ? Alors sachez que vous pouvez convertir les éléments de l'Explorateur et les icônes du Bureau en liens accessibles par un seul clic, taper directement les adresses Internet dans la Barre des tâches ou ajouter des liens Internet sur le Bureau.

Ce chapitre vous explique toutes les astuces pour rendre Internet encore plus accessible à partir de Windows Vista.

Ajoutez des liens sur le Bureau

Vous désirez accéder plus facilement à vos pages web favorites ? Ajoutez des liens sur le Bureau.

1 Cliquez du bouton droit le fond du Bureau.

2 Cliquez **Nouveau** ▶ **Raccourci** dans le menu contextuel.

3 Tapez l'adresse de la page web.

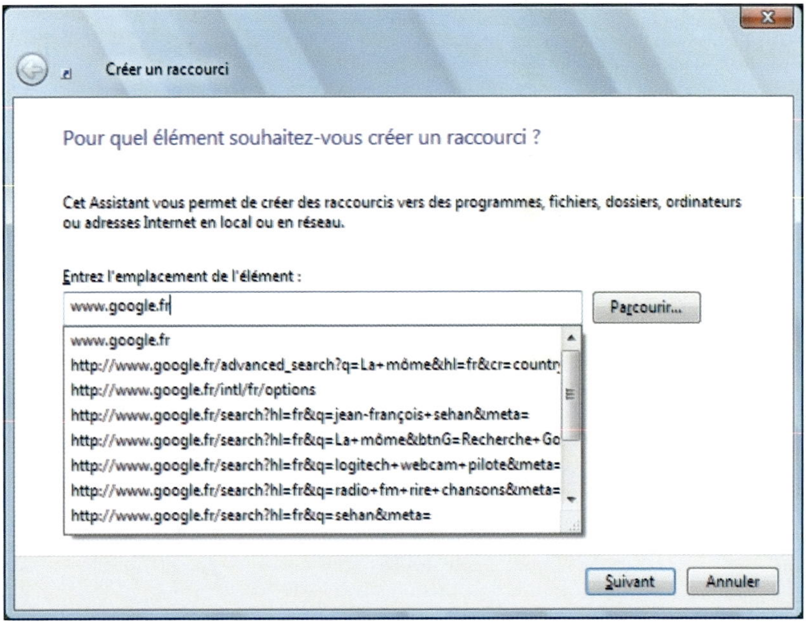

Coup de loupe

Si vous avez déjà visité le lien, Windows propose une liste des chemins correspondant aux premières lettres que vous tapez. Dans ce cas, cliquez simplement l'adresse dans la liste.

4 Cliquez le bouton **Suivant**.

5 Tapez un nom pour le lien.

6 Cliquez le bouton **Terminer**.

Utilisez la barre Lancement rapide

Comment accéder rapidement aux outils Internet ou afficher le Bureau ? Il suffit d'utiliser la barre Lancement rapide.

1 Cliquez du bouton droit une zone vide de la Barre des tâches.

2 Cliquez **Barres d'outils** ▶ **Lancement rapide** dans le menu contextuel pour cocher l'option.

La barre Lancement rapide apparaît dans la Barre des tâches.

Les boutons de cette barre permettent d'accéder au Bureau, d'ouvrir Internet Explorer et le Lecteur Windows Media.

Ajouter des boutons à la barre d'outils

Vous pouvez compléter la barre Lancement rapide avec d'autres raccourcis, par exemple celui de Windows Mail, mais aussi avec des liens Internet.

1 Cliquez le bouton **Démarrer**.

2 Recherchez le raccourci.

3 Cliquez et faites glisser le raccourci du menu **Démarrer** vers la barre d'outils **Lancement rapide**.

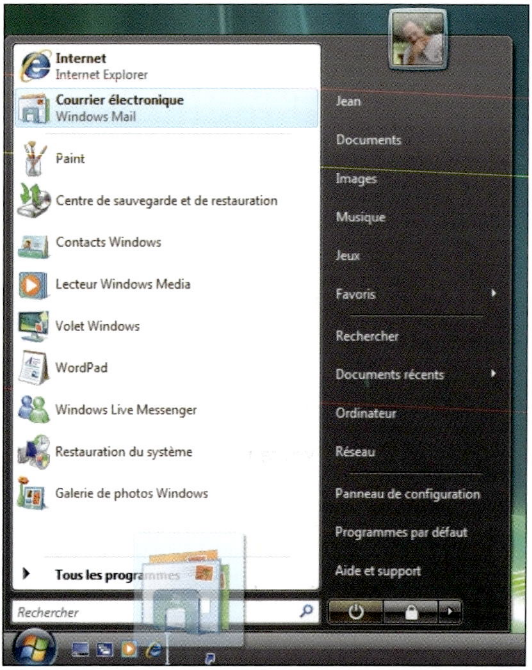

Utilisez la barre d'adresse

Si vous souhaitez naviguer aussi bien sur le Web qu'à l'intérieur de votre ordinateur, rien de plus simple : utilisez la barre Adresse qui s'insère dans la Barre des tâches.

1 Cliquez du bouton droit une zone vide de la Barre des tâches.

2 Cliquez **Barres d'outils** ▶ **Adresse** dans le menu contextuel pour cocher l'option.

Coup de main

Pour agrandir la taille de la barre Adresse, la Barre des tâches doit être déverrouillée. Cliquez une zone vide de la Barre des tâches, puis décochez **Verrouiller la Barre des tâches** dans le menu contextuel. Pointez le bord de la Barre des tâches (le pointeur de la souris prend la forme ⇕). Cliquez et faites glisser pour augmenter la hauteur de la Barre des tâches. Cliquez et faites glisser la barre d'adresse en dessous de la barre Lancement rapide (voir la figure ci-dessous). Cliquez de nouveau une zone vide de la Barre des tâches, puis cochez **Verrouiller la Barre des tâches** dans le menu contextuel.

Pour utiliser la barre Adresse :

1 Cliquez la zone **Adresse**.

2 Tapez l'adresse Internet dans la barre Adresse. Validez avec la touche **Entrée**.

La page s'ouvre avec votre navigateur Internet.

Coup de main

Vous pouvez aussi saisir un chemin vers un dossier de votre ordinateur, par exemple `C:\Mon dossier`, pour l'ouvrir dans l'Explorateur.

De même, vous pouvez expédier un message sans ouvrir Windows Mail. Saisissez pour cela le texte « mailto: » dans la barre Adresse suivi de l'adresse mail du correspondant, par exemple `mailto:jean.dupont@free.fr`. Une fenêtre de nouveau message s'affiche immédiatement avec l'adresse mail dans la zone **À**. Vous n'avez plus qu'à saisir votre texte puis cliquer sur le bouton **Envoyer**.

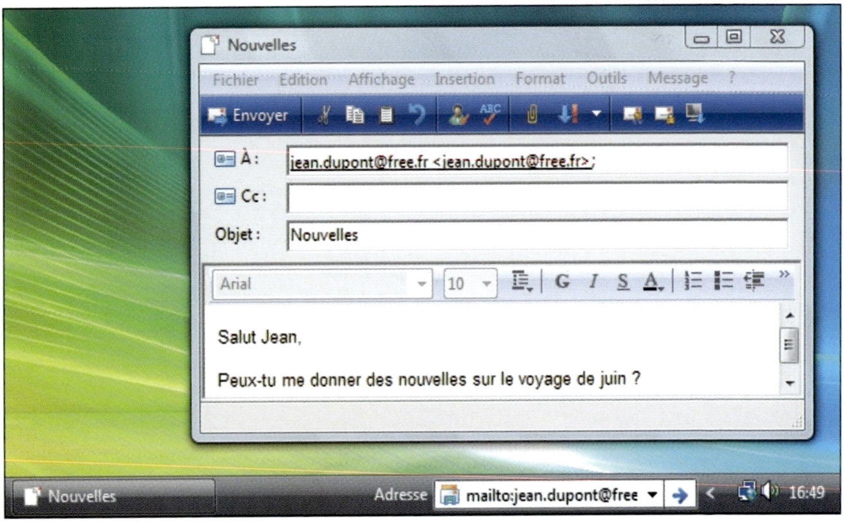

Si vous expédiez souvent des courriels aux mêmes correspondants, vous pouvez ajouter des icônes pour créer rapidement des messages à partir du Bureau. Cliquez et faites glisser l'icône A de la barre Adresse vers le Bureau. Windows ajoute une icône vers la messagerie. Double-cliquez cette icône pour créer un nouveau message.

Accédez rapidement à vos sites favoris

Le menu Démarrer peut aussi afficher la liste des sites favoris que vous avez créés dans Internet Explorer (voir chapitre 1).

1 Cliquez du bouton droit une zone vide de la Barre des tâches.

2 Cliquez la commande **Propriétés** dans le menu contextuel.

3 Cliquez l'onglet **Menu Démarrer**.

4 Cliquez le bouton **Personnaliser** en regard de l'option Menu Démarrer.

5 Cochez la case **Menu Favoris**.

6 Cliquez les boutons **OK** des deux boîtes ouvertes.

7 Cliquez le menu **Démarrer** ▶ **Favoris**.

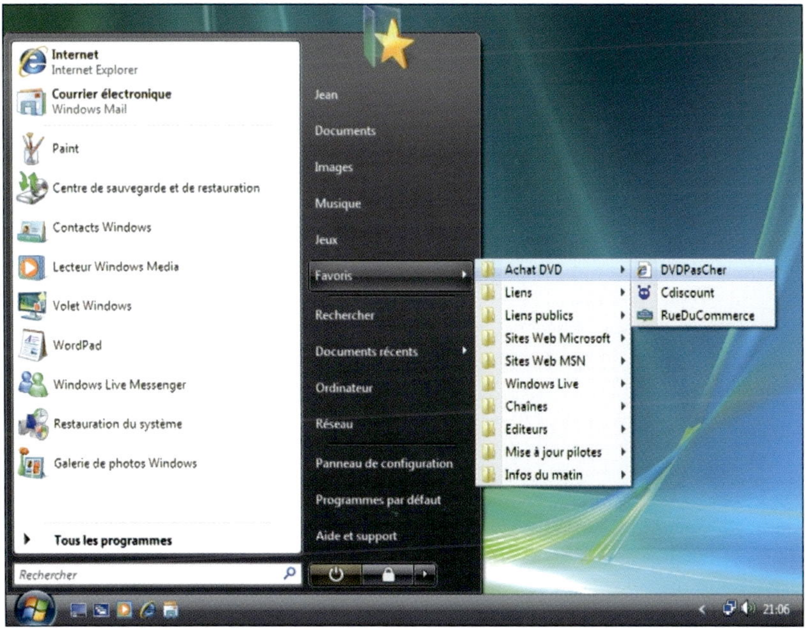

Vous retrouvez ici le volet des favoris d'Internet Explorer.

Transformez les icônes du Bureau et de l'Explorateur en liens

Voici de quoi réjouir les internautes ! Les icônes du Bureau et de l'Explorateur peuvent aussi se comporter comme les liens des pages web.

1 Cliquez le bouton **Démarrer** ▸ **Ordinateur**.

2 Cliquez le menu **Outils** ▸ **Options des dossiers**.

3 Cochez l'option **Ouvrir les éléments par simple clic**.

4 Cochez le type de soulignement dans les options en dessous.

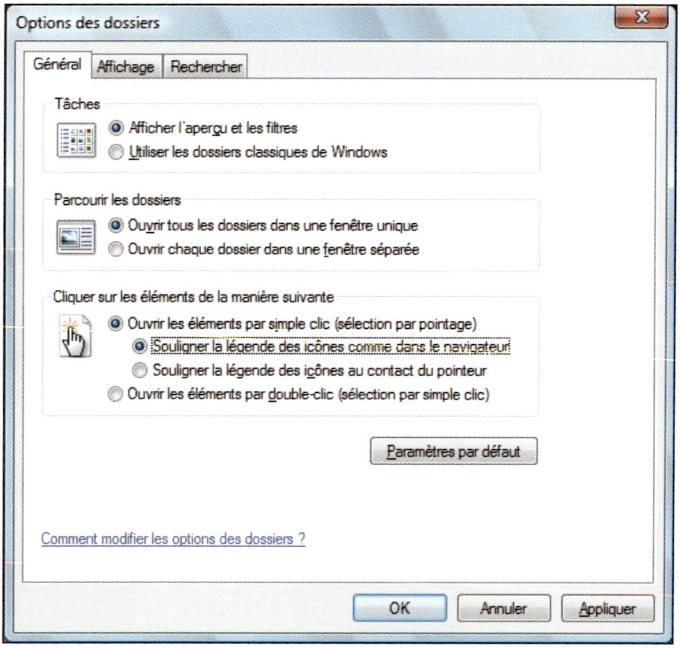

5 Cliquez le bouton **OK**.

Les noms des icônes sont soulignés ou se soulignent si vous les pointez. Un simple clic permet de les ouvrir. Il en est de même pour les icônes du Bureau.

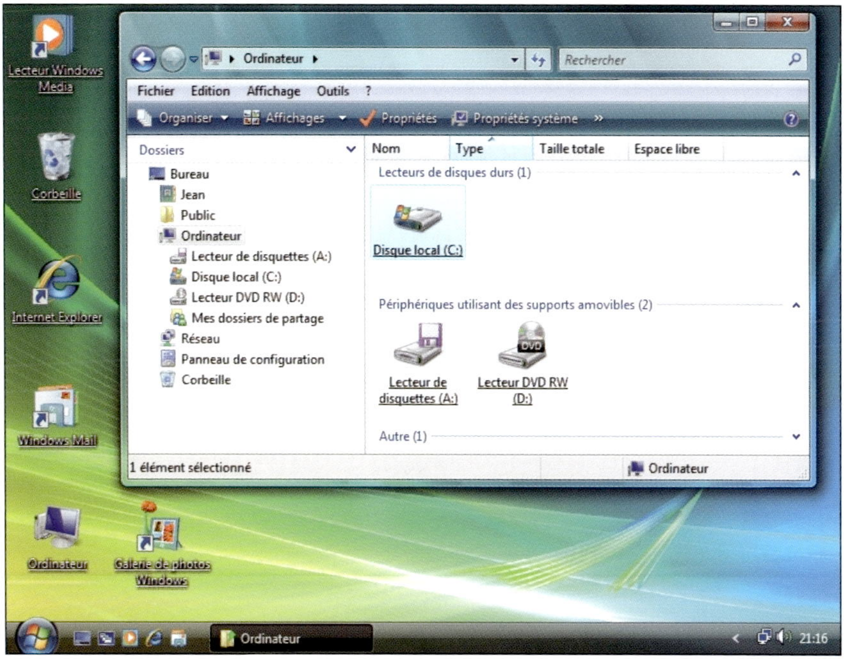

Ouvrez rapidement une page Internet

Si vous ne désirez pas installer la barre d'adresse dans la Barre des tâches (voir plus haut dans ce chapitre), utilisez directement la commande Exécuter.

1 Tapez le raccourci clavier + **R**.

2 Tapez l'adresse du site ou de la page dans la zone **Ouvrir**.

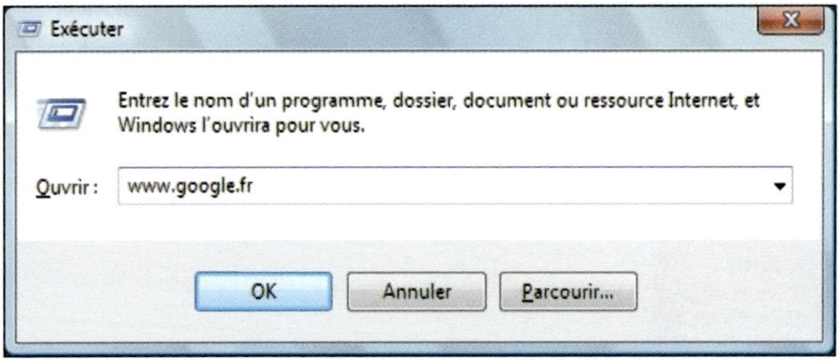

3 Cliquez le bouton **OK** ou appuyez sur la touche **Entrée**.

Le site s'ouvre dans votre navigateur.

Chapitre 12

Sécurisez votre navigation

Dans ce chapitre

- ✓ Consultez le Centre de sécurité
- ✓ Installez un pare-feu
- ✓ Mettez à jour Windows
- ✓ Protégez-vous des virus
- ✓ Sécurisez votre navigation Internet
- ✓ Gérez les cookies
- ✓ Partagez l'ordinateur et utilisez le contrôle parental

Les connexions à Internet ne sont pas sans danger : virus, accès à des données confidentielles, espionnage de votre navigation, publicités non désirées, *etc.* Pour éviter cela, il est nécessaire de se protéger. C'est d'autant plus vrai si vous êtes connecté en permanence par le câble ou une ligne ADSL, car cela laisse du temps à des personnes mal intentionnées pour accéder à votre ordinateur.

Si vous désirez utiliser Internet en toute quiétude, ce chapitre vous est destiné. Outre les protections indispensables comme un logiciel antivirus et un pare-feu, vous trouverez ici des solutions pour éliminer les logiciels espions et les programmes malveillants, protéger votre navigation et utiliser le Centre de sécurité.

Consultez le Centre de sécurité

Windows Vista propose le Centre de sécurité pour vérifier et gérer l'ensemble de vos protections. Pour examiner la manière dont votre ordinateur est protégé, consultez-le.

Si le Centre de sécurité a détecté un problème de protection, il affiche l'icône (avertissement de sécurité) ou l'icône (alerte de sécurité) dans la zone de notification (à côté de l'horloge). Si vous êtes dans ce cas, double-cliquez simplement une de ces icônes pour ouvrir le Centre de sécurité.

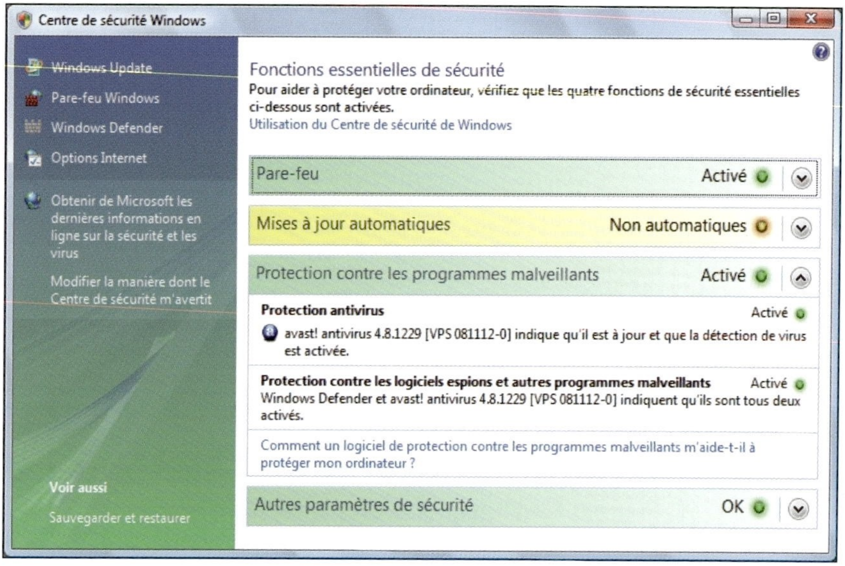

Si vous n'avez pas une de ces icônes :

1 Cliquez le bouton **Démarrer** ▶ **Panneau de configuration**.

2 Double-cliquez l'icône **Centre de sécurité**.

Cette fenêtre vous indique d'un seul coup d'œil le niveau de sécurité de chaque fonction selon sa couleur (vert, orange ou rouge). Pour afficher le détail de chaque élément, cliquez le bouton en regard. Le détail propose des boutons pour activer certaines fonctionnalités et résoudre les problèmes de sécurité.

Si vous ne désirez pas connaître en détail le rôle de chaque fonction, utilisez les boutons proposés pour toutes les activer. Quand votre ordinateur est protégé, l'icône ou ne s'affiche plus dans la zone de notification.

Vous pouvez aussi définir la manière dont le Centre de sécurité vous avertit de dangers potentiels. Cliquez pour cela le lien **Modifier la manière dont le Centre de sécurité m'avertit** dans le volet de gauche.

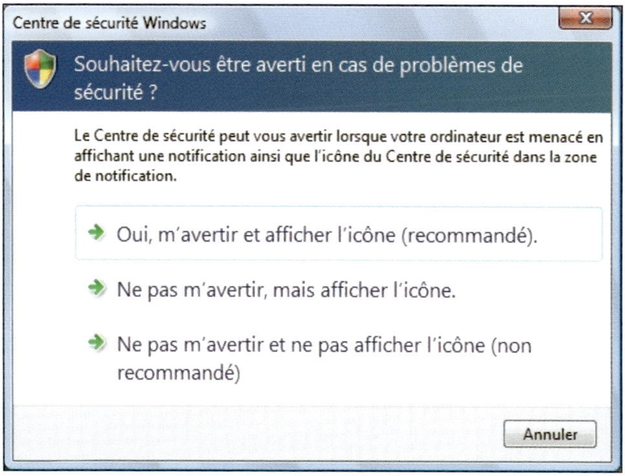

Cliquez l'une des deux premières solutions proposées. Évitez la troisième, qui ne vous donne plus aucune information sur l'état de la sécurité.

Le Centre de sécurité propose des liens dans le volet de gauche pour chacune des fonctions. Nous allons voir, dans les prochains paragraphes, leur rôle et les paramètres qu'elles proposent.

Activez le pare-feu

Le pare-feu évite que des personnes non autorisées ne prennent le contrôle de votre ordinateur *via* Internet. Vous pouvez utiliser celui proposé par Windows Vista ou en installer un autre.

1 Cliquez le lien **Pare-feu Windows** dans le volet de gauche du Centre de sécurité. Une boîte vous indique l'état du pare-feu.

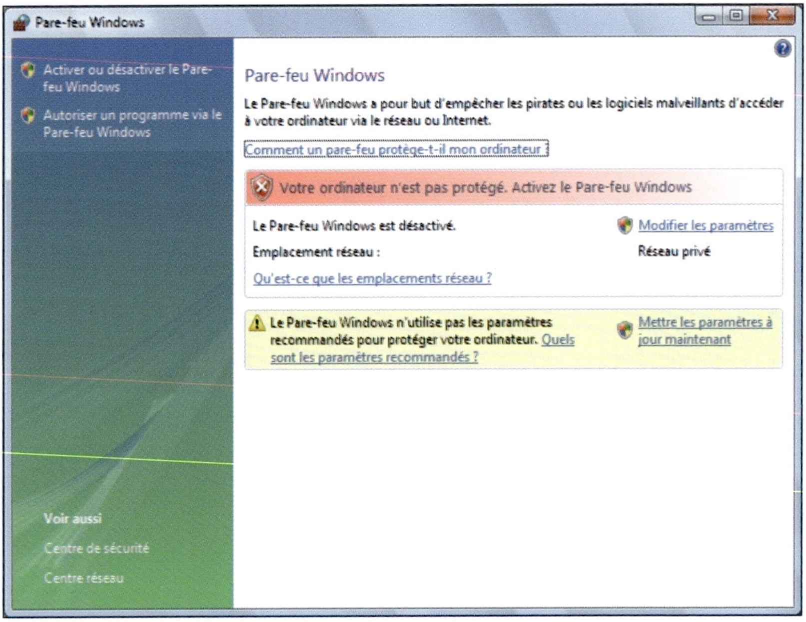

2 Cliquez le lien **Activer ou désactiver le Pare-feu Windows** dans le volet de gauche.

3 Cliquez le bouton **Continuer** pour valider l'autorisation.

4 Si vous désirez utiliser le pare-feu proposé par Vista, cochez l'option **Activé (recommandé)**. Si vous avez un autre pare-feu, cochez l'option **Désactivé (non recommandé)**.
Sachez que les modems ADSL livrés par les fournisseurs d'accès à Internet contiennent déjà un pare-feu. C'est le cas, par exemple, des Freebox, Alice Box, Livebox, *etc.* Il n'est donc pas nécessaire dans ce cas d'activer celui de Windows. L'installation de plusieurs pare-feu peut ralentir votre navigation sur Internet.

5 Si vous utilisez un ordinateur portable pour vous connecter à Internet dans des lieux publics (hôtel, gare, aéroport, *etc.*), cochez la case **Bloquer toutes les connexions entrantes** en plus de l'option **Activé (recommandé)**.

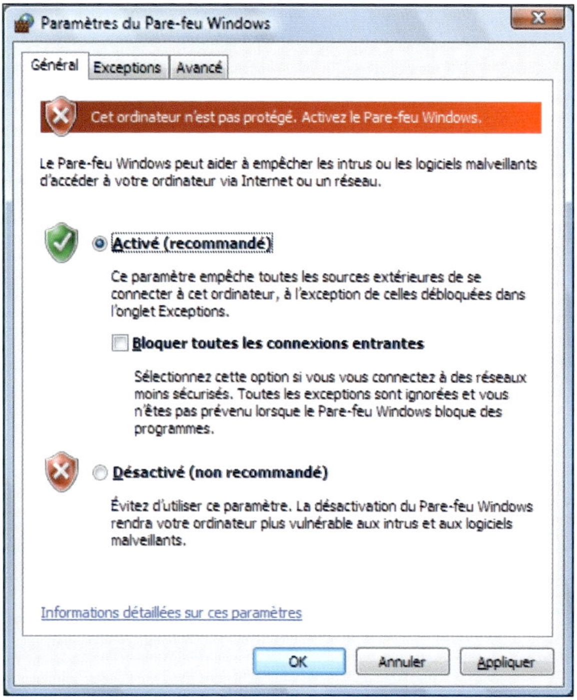

6 Cliquez le bouton **OK** pour valider vos choix.

7 Cliquez le bouton [X] pour fermer la fenêtre Pare-feu Windows et revenir au Centre de sécurité.

Si vous avez un autre pare-feu que celui de Windows, vous devez l'indiquer.

1 Dans le Centre de sécurité, cliquez le bouton [v] de la zone **Pare-feu** pour afficher les détails.

2 Cliquez le lien **Afficher les autres options disponibles**.

3 Cliquez **Je dispose d'un programme pare-feu que je contrôlerai moi-même**.

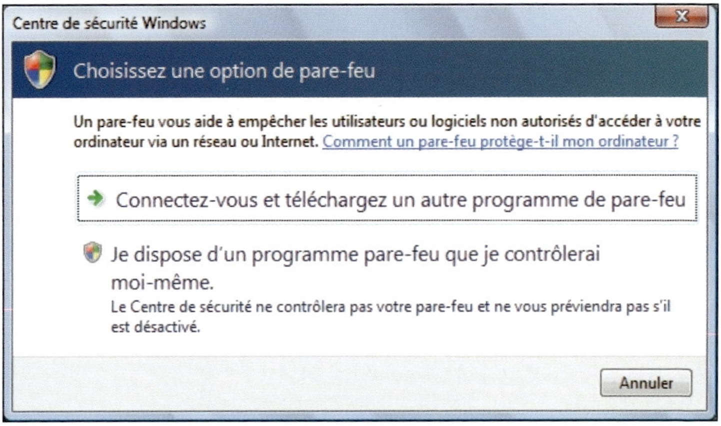

4 Cliquez le bouton **Continuer** pour valider l'autorisation.

Mettez à jour Windows

Pour être toujours à la pointe de la technologie, mettez à jour Windows et ses applications. Ces corrections régulières permettent aussi d'éviter certains virus et des failles de sécurité.

Les mises à jour sont effectuées *via* Internet. Vous devez être régulièrement connecté pour en bénéficier. Si des mises à jour sont déjà téléchargées, Windows affiche l'icône dans la zone de notification de la Barre des tâches (à côté de l'horloge).

1 Cliquez le lien **Windows Update** dans le volet de gauche du Centre de sécurité (voir début de chapitre).

2 Cliquez le lien **Rechercher les mises à jour** dans le volet de gauche.
Windows vérifie sur le site Internet de Windows Update les mises à jour de Vista, mais aussi celles qui concernent le matériel de votre ordinateur.
Le volet de droite vous indique si des mises à jour sont disponibles.

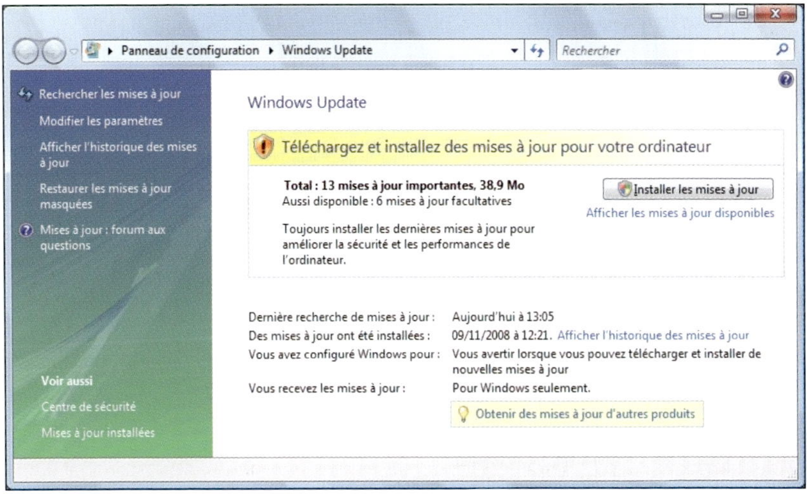

3 Cliquez le bouton **Installer les mises à jour**.

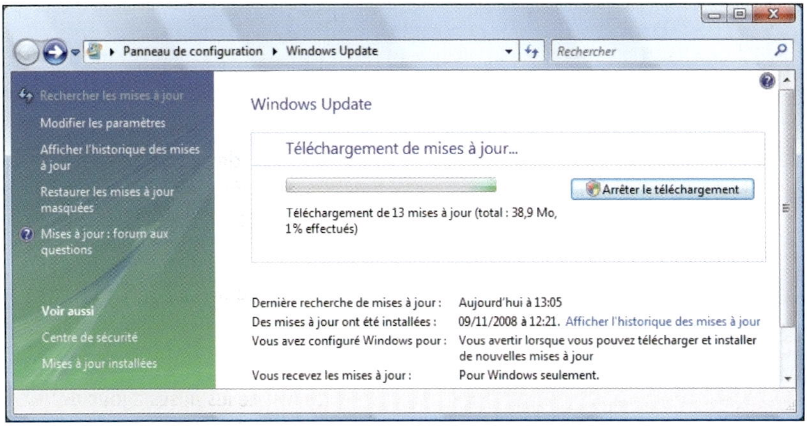

Windows installe les mises à jour.

Choisir les mises à jour

Vous pouvez aussi vérifier la liste des mises à jour avant de les installer.

1 Cliquez le lien **Afficher les mises à jour disponibles**.

2 Vérifiez les mises à jour qui vous sont proposées.

3 Décochez les mises à jour que vous ne désirez pas installer.

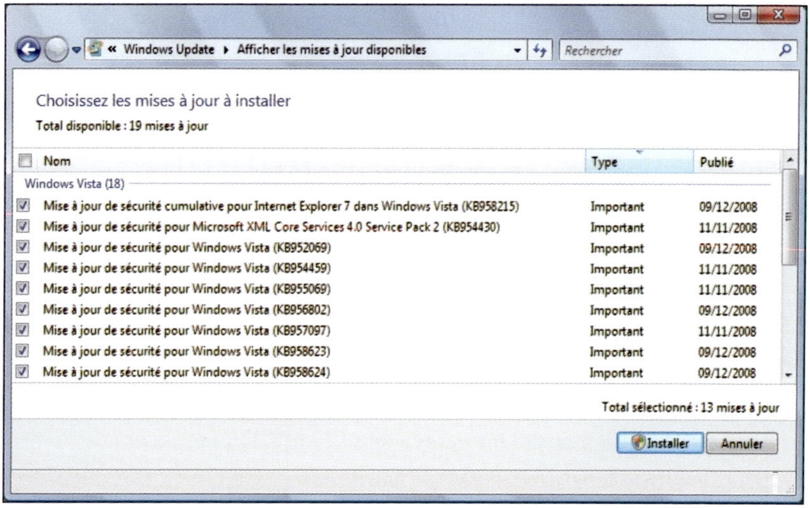

4 Cliquez le bouton **Installer**.

Activer les mises à jour de Windows

Vous pouvez activer les mises à jour automatiques pour qu'elles se téléchargent quand vous êtes connecté à Internet.

1 Dans le volet de gauche de la boîte Windows Update, cliquez le lien **Modifier les paramètres**.

2 Cliquez une des trois premières solutions proposées. Ne cochez pas la dernière option, qui désactive les mises à jour.

3 Si vous avez coché **Installer les mises à jour automatiquement**, choisissez le jour et l'heure dans les listes en dessous.

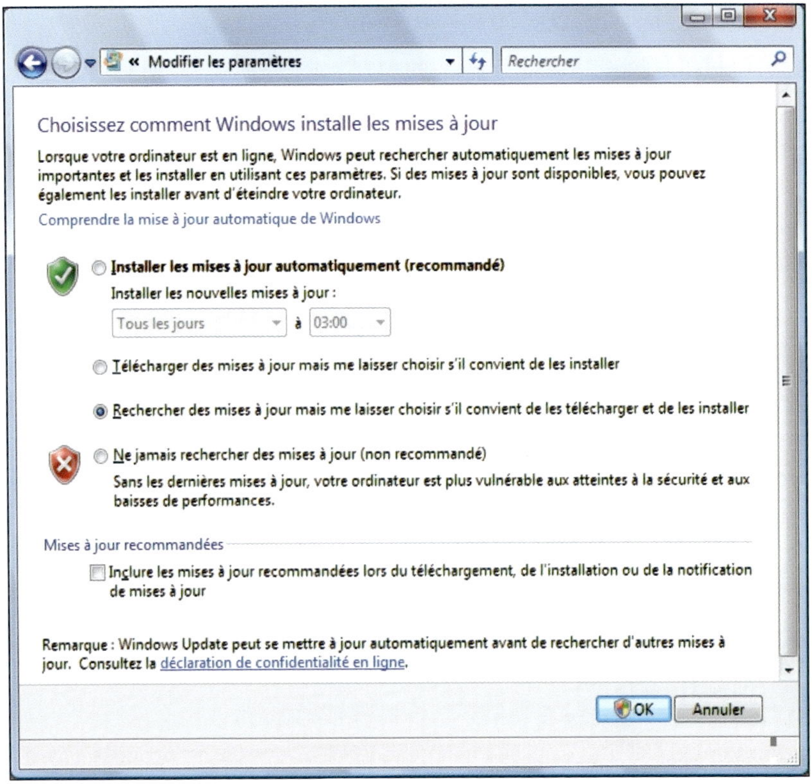

4 Cliquez le bouton **OK** pour valider vos choix.

5 Cliquez le bouton **Continuer** pour confirmer l'autorisation.

Protégez-vous des virus

Un virus est programme qui modifie intentionnellement le contenu de votre ordinateur dans le but de l'empêcher de fonctionner normalement. Certains virus suppriment vos documents ou les expédient à d'autres personnes par voie de messagerie. Windows ne propose pas d'antivirus.

À moins de ne pas utiliser Internet ou un autre réseau, votre ordinateur sera peut-être un jour confronté à des virus. Comme il en existe de nouveaux très régulièrement, il est nécessaire d'installer un logiciel antivirus qui soit mis à jour périodiquement.

Installer un antivirus

Nous vous conseillons donc vivement d'installer un logiciel antivirus, particulièrement si vous utilisez Internet et la messagerie.

Il existe beaucoup d'antivirus sur le marché. Parmi les plus connus, citons Symantec Norton Antivirus, McAfee VirusScan, Kaspersky Antivirus ou avast! antivirus.

Choisissez en priorité un antivirus qui se met à jour automatiquement dès que vous êtes connecté à Internet. Ainsi, vous serez protégé en permanence. C'est le cas des produits évoqués précédemment.

Utiliser Windows Defender contre les logiciels malveillants

Comme nous l'avons vu précédemment, Windows Vista ne propose pas d'antivirus. Si vous n'en possédez pas, il est impératif d'utiliser le logiciel Windows Defender qui supprime les logiciels espions et malveillants. Il se charge aussi de supprimer les logiciels qui attaquent les failles de sécurité de Windows Vista. Cet outil n'est pas un antivirus ! Il est à utiliser en complément d'un antivirus mis à jour régulièrement, voire quotidiennement.

Cliquez le lien **Windows Defender** dans le volet de gauche du Centre de sécurité.

La page d'accueil de Windows Defender vous donne l'état de la dernière analyse de votre ordinateur. Cette analyse est effectuée régulièrement sans que vous ayez à intervenir.

Pour vérifier maintenant si votre disque dur contient des logiciels malveillants, cliquez le bouton **Analyser**. Windows Defender parcourt immédiatement votre disque dur à la recherche de menaces potentielles.

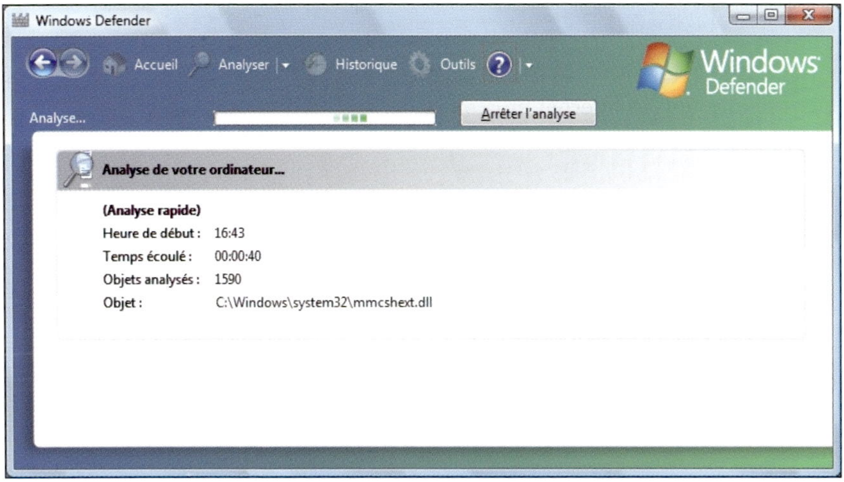

Après l'analyse, Windows Defender affiche le rapport de ses investigations.

Pour modifier les paramètres de Windows Defender, cliquez le bouton **Outils**. Cette fenêtre vous donne accès à divers outils que vous ne manquerez pas de découvrir, comme la communauté SpyNet ou le site web de Windows Defender.

Sécurisez votre navigation sur Internet

Si vous craignez que la visite de certains sites endommage votre ordinateur ou donne accès à des renseignements confidentiels, réglez le niveau de sécurité pour vous protéger. Internet Explorer propose plusieurs niveaux de sécurité prédéfinis. Choisissez celui avec lequel vous désirez naviguer.

1. Ouvrez le Centre de sécurité.
2. Cliquez le lien **Options Internet** dans le volet de gauche. Notez que ces options sont accessibles à partir d'Internet Explorer en cliquant le menu **Outils** ▸ **Options** puis l'onglet **Sécurité**.

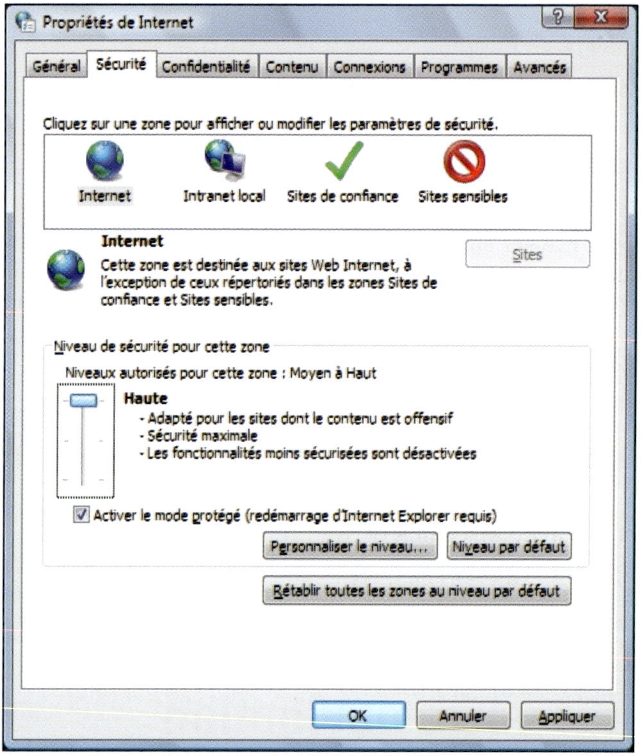

3 Faites glisser le curseur pour choisir le niveau de sécurité.

Coup de loupe

Haute correspond à la sécurité maximale. Les fonctionnalités les moins sûres sont désactivées. Les autres nécessitent une confirmation. Certains sites risquent de ne plus être accessibles. C'est la navigation la moins pratique. **Moyen-haut** correspond à la sécurité par défaut d'Internet Explorer. Le chargement d'éléments non sécurisés nécessite votre approbation. Les contrôles ActiveX (des programmes potentiellement dangereux) non signés par leur auteur sont refusés. C'est la navigation la plus pratique avec un minimum de sécurité. C'est aussi le niveau recommandé. **Moyenne** est identique au niveau Moyen-haut, mais avec quelques options qui permettent de naviguer plus facilement.

4 Pour vous protéger des sites web qui tentent d'enregistrer des fichiers ou d'installer des programmes sur votre ordinateur, cochez la case **Activer le mode protégé**.

5 Cliquez le bouton **OK** pour valider vos modifications.

Gérez les cookies

Les cookies sont des fichiers enregistrés sur votre disque dur par les sites web que vous consultez. Ils contiennent des renseignements à votre sujet, comme la date de votre dernière visite, les pages visitées, les produits que vous avez choisis, *etc*.

Définir le niveau de confidentialité des cookies

Vous ne souhaitez pas que les sites web consultés abusent des cookies ? Contrôlez leur utilisation en personnalisant le niveau de confidentialité.

1 Ouvrez Internet Explorer (menu **Démarrer** ▶ **Internet**).

2 Cliquez le menu **Outils** ▶ **Options Internet**.

3 Dans l'onglet **Confidentialité**, faites glisser le curseur pour choisir le niveau de confidentialité.

La boîte ci-après affiche à côté du curseur un descriptif du niveau choisi.

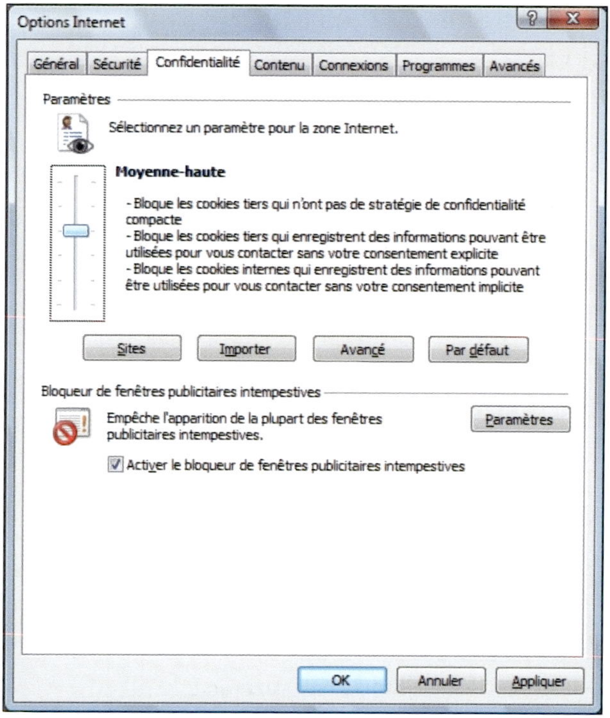

Définir votre propre stratégie

Pour affiner la gestion des cookies, définissez vous-même les paramètres à suivre.

1 Dans l'onglet **Confidentialité** de la boîte **Options Internet**, cliquez le bouton **Avancé**.

2 Cochez la case **Ignorer la gestion automatique des cookies**.

3 Cochez les options qui vous conviennent.

Coup de loupe

Les cookies de session sont systématiquement effacés dès que vous fermez Internet Explorer. Vous pouvez donc les accepter temporairement puisqu'ils ne seront plus présents lors de votre prochaine visite sur les mêmes sites.

4 Éventuellement, cochez la case **Toujours autoriser les cookies de cette session**.

5 Cliquez le bouton **OK**.

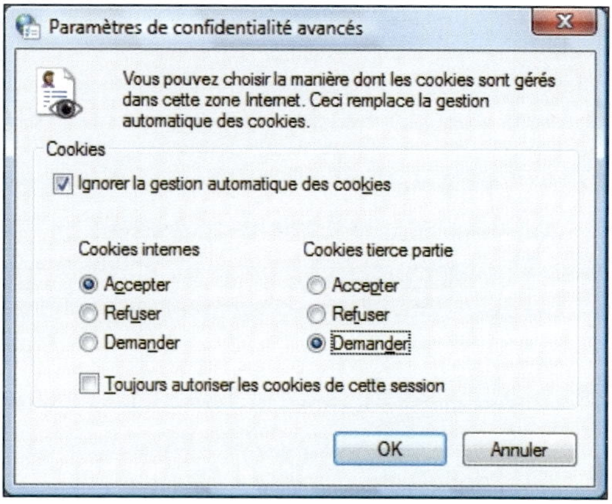

Supprimer les cookies

Si vous ne souhaitez pas que les sites web accèdent aux cookies stockés sur votre ordinateur, supprimez ces derniers.

1 Dans la boîte **Options Internet**, cliquez l'onglet **Général**.

2 Cliquez le bouton **Supprimer** de la zone Historique de navigation.

3 Cliquez le bouton **Supprimer les cookies**.

4 Cliquez le bouton **Oui** pour confirmer la suppression des cookies.

Partagez l'ordinateur et utilisez le contrôle parental

Naviguer sur Internet, c'est avoir le monde à portée de main, la réponse à toutes les questions, la plus grande galerie marchande, un lieu de contact et de partage. On y trouve absolument tout, le meilleur, mais hélas, aussi, le pire ! La catégorie la plus exposée à ses dangers est justement celle que nous nous devons de protéger le plus : les enfants.

Mais avant d'utiliser le contrôle parental, il est nécessaire de partager l'ordinateur entre plusieurs utilisateurs et d'ajouter des mots de passe.

Le partage permet à tous les utilisateurs d'accéder à l'ordinateur sans pour autant mélanger leurs documents ou avoir une configuration de Windows Vista commune. Chaque utilisateur peut modifier le Bureau à sa guise et enregistrer des données dans des dossiers qui lui sont propres.

Il existe trois types de compte :

- ✓ **Administrateur** : c'est le superviseur de l'ordinateur. Il est le seul à pouvoir créer de nouveaux comptes ou en supprimer. Par défaut, c'est la première personne qui utilise l'ordinateur qui obtient ce titre.
- ✓ **Standard** : ce sont toutes les autres personnes qui utilisent l'ordinateur. Elles peuvent modifier les paramètres courants de Windows (Bureau, menu Démarrer, *etc.*) et possèdent leurs propres dossiers de sauvegarde pour leurs documents (dossiers Documents, Images, Musique, *etc.*).
- ✓ **Invité** : c'est un compte réservé aux personnes qui veulent momentanément utiliser votre ordinateur (des amis ou la *baby-sitter*, par exemple). Il est identique à un compte standard, mais les paramètres courants sont ceux de la dernière personne qui a utilisé le compte Invité.

Vous devez créer un compte pour chacune des personnes qui utilisent l'ordinateur. Ne créez que des comptes standard pour éviter une modification de l'ordinateur par d'autres personnes.

Créer un compte

1 Ouvrez une session en tant qu'administrateur.

2 Cliquez le bouton **Démarrer** ▸ **Panneau de configuration**.

3 Éventuellement, cliquez le lien **Page d'accueil du Panneau de configuration** dans le volet de gauche.

4 Cliquez le lien **Ajouter ou supprimer des comptes d'utilisateurs**.

5 Cliquez le bouton **Continuer** pour donner votre autorisation.

6 Cliquez le lien **Créer un nouveau compte**.

7 Saisissez le nom de l'utilisateur du nouveau compte.

8 Cochez l'option **Utilisateur standard**. Sauf pour déléguer vos pouvoirs d'administrateur à une autre personne, ne cochez pas l'option **Administrateur**. Si vous le faites, n'oubliez pas de lui imposer un mot de passe.

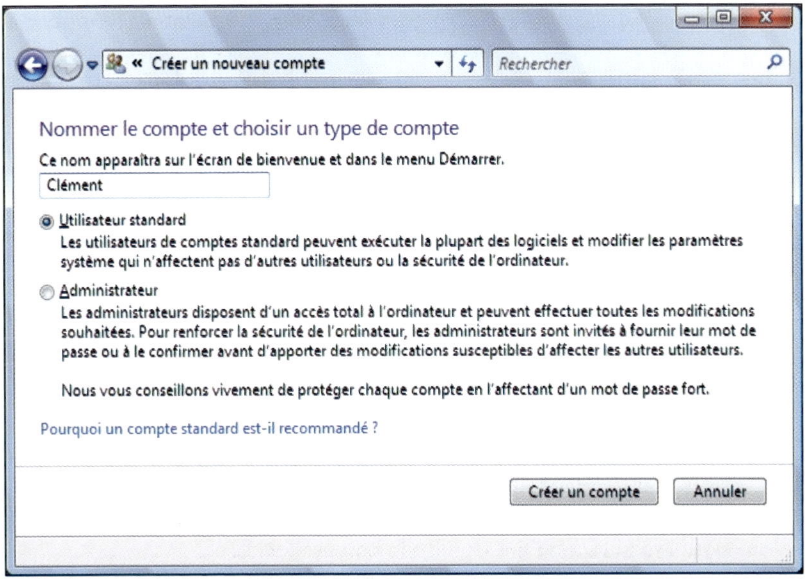

9 Cliquez le bouton **Créer un compte**.
Le nouvel utilisateur apparaît dans la fenêtre de gestion des comptes.

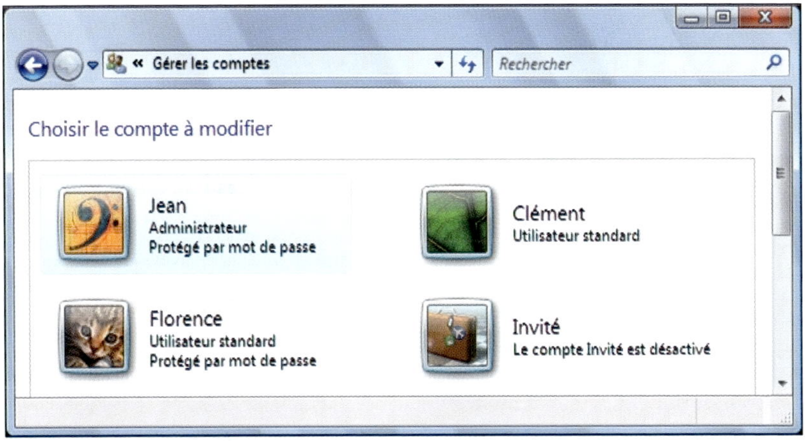

Ajouter des mots de passe

Sans mot de passe, toute personne qui allume l'ordinateur peut cliquer sur le compte de l'administrateur et modifier des paramètres de sécurité. Il est donc indispensable d'ajouter un mot de passe pour ce compte. C'est un point important que vous ne devez pas négliger.

Mais ce n'est pas tout. Si les utilisateurs standard n'ont pas de mot de passe propre, chacun peut ouvrir une session d'un autre compte et accéder aux documents de ce dernier.

Dernier point. Si vous désirez ajouter un compte avec un contrôle parental, il est indispensable d'ajouter des mots de passe pour tous les autres comptes. Sans cela, vos chérubins pourront ouvrir une session sur un autre compte, qui, lui, n'aura pas de protection parentale. Vous ne devez pas activer le compte Invité.

1 Allumez l'ordinateur et choisissez le compte à modifier.

2 Cliquez le bouton **Démarrer** puis l'image de l'utilisateur en haut à droite du menu Démarrer.

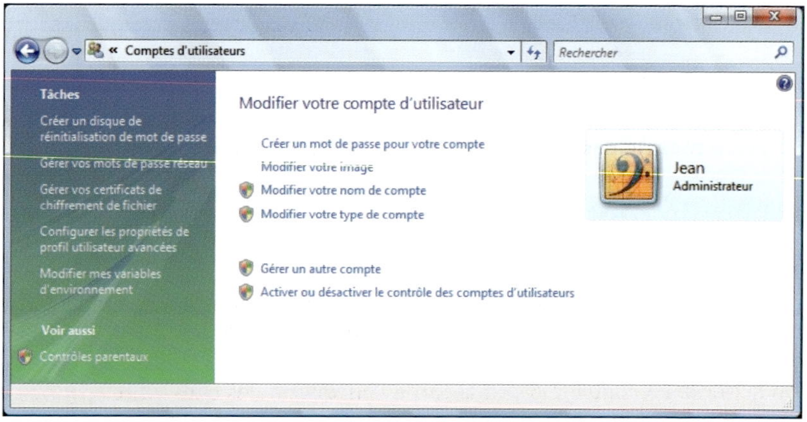

3 Cliquez le lien **Créer un mot de passe pour votre compte**.

4 Tapez le mot de passe dans la première zone de texte. Retenez que Windows tient compte des majuscules et des minuscules dans les mots de passe.

5 Saisissez de nouveau le mot de passe dans la deuxième zone.

6 Tapez, dans la troisième zone de texte, un mot ou une phrase qui vous permettra de vous souvenir du mot de passe en cas d'oubli.

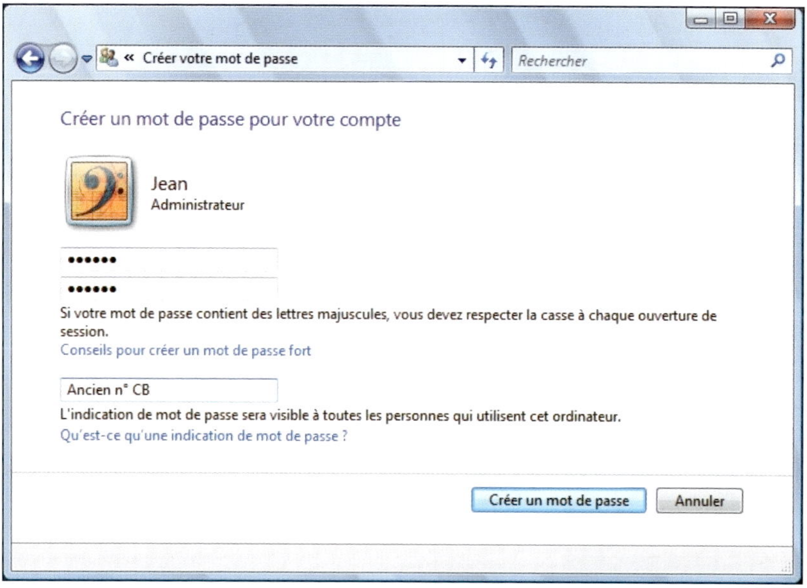

7 Cliquez le bouton **Créer un mot de passe** pour valider.

Dans la fenêtre Comptes d'utilisateurs, vous trouverez maintenant les liens **Changer votre mot de passe** et **Supprimer votre mot de passe**.

Activer le contrôle parental

Des sollicitations permanentes de certaines publicités aux contacts faciles où chacun se cache derrière un pseudonyme, les dangers sont multiples et peuvent parfois outrepasser l'espace virtuel. Ils séduiront plus facilement les enfants et adolescents, qui risquent de se laisser transporter vers des sites où « il ne fait pas bon surfer ». Le contrôle parental garde l'historique des sites visités par vos enfants, bloque les sites à éviter absolument et contrôle la durée des connexions. Il permet également d'autoriser ou d'interdire l'accès à certains jeux, trop violents ou non adaptés à l'âge de l'utilisateur.

1 Cliquez le bouton **Démarrer** ▶ **Panneau de configuration**.

2 Cliquez le lien **Affichage classique** dans le volet de gauche.

3 Double-cliquez l'icône **Contrôle parental**.
Le contrôle parental ne peut être modifié que par une personne ayant un compte d'administrateur (voir plus haut dans ce chapitre).

4 Cliquez le bouton **Continuer** pour donner votre accord.

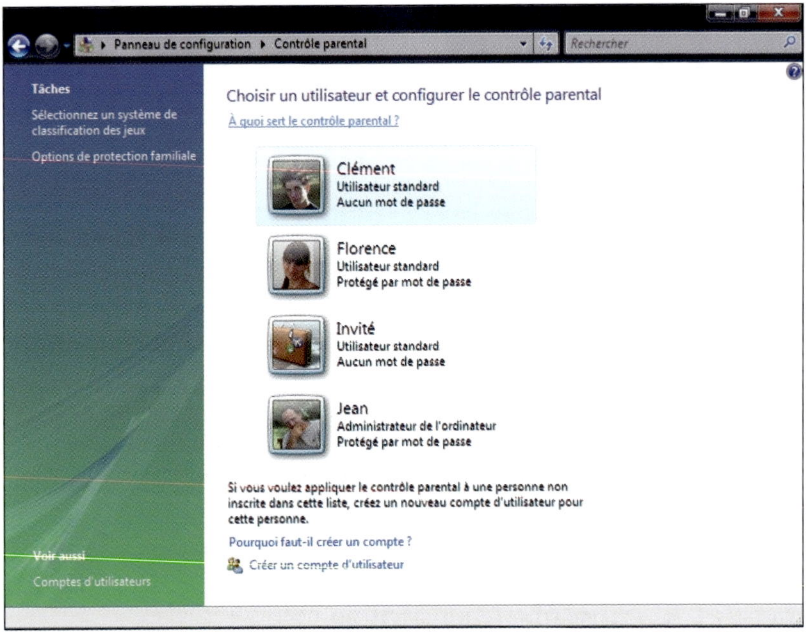

5 Cliquez le compte sur lequel vous désirez exercer un contrôle parental.

6 Cochez l'option **Activé, les paramètres actuels sont appliqués**.

7 Si vous désirez surveiller tous les faits et gestes de votre progéniture, cochez l'option **Activé, les informations sur l'utilisateur de l'ordinateur sont recueillies**.

Cette fenêtre vous donne accès à l'ensemble des contrôles que vous pouvez effectuer. Selon vos besoins, l'âge de l'enfant et l'importance du veto que vous désirez exercer, choisissez parmi les options proposées celles qui vous conviennent en cochant ou décochant les cases correspondantes. Les possibilités multiples sont aptes à couvrir l'ensemble des besoins de chacun. Testez-les pour en découvrir les avantages et les inconvénients. Vous en savez d'ailleurs assez maintenant pour continuer seul à explorer les ressources de Vista.

Questions-réponses

Quelles précautions dois-je prendre pour acheter sur Internet ?

Au moment de payer vos achats avec une carte bancaire, vous devez vous assurer que le site est sécurisé. Le symbole doit apparaître à droite de la barre d'adresse. Pour plus de précisions, consultez le chapitre 4.

Comment puis-je conserver la liste de mes sites préférés ?

Il suffit de conserver l'adresse des sites dans un dossier spécial baptisé Favoris. Le chapitre 1 vous donne toutes les explications nécessaires.

J'ai visité un site la semaine dernière, mais je ne me souviens plus de son adresse. Comment puis-je le retrouver ?

Internet Explorer conserve les adresses de votre navigation des quinze derniers jours dans un dossier baptisé Historique. Consultez le chapitre 1 pour retrouver l'adresse de votre site.

Comment puis-je trouver facilement un site qui correspond à ma recherche ?

Il existe des milliards de pages sur Internet. Pour trouver un site qui correspond à vos attentes, vous devez utiliser des « moteurs de recherche ». Consultez le chapitre 2.

Comment puis-je protéger ma navigation sur Internet ?

Internet Explorer propose plusieurs moyens de protéger votre navigation. Vous les trouverez dans le chapitre 12. Pour éviter certains pièges, lisez aussi le chapitre 5.

Comment puis-je être informé en permanence de l'actualité ?

Il existe aujourd'hui des sites qui diffusent en permanence des informations que vous pouvez recevoir automatiquement et gratuitement sans en demander la mise à jour (actualités, cours de la Bourse, météo, blogs, *etc.*). L'utilisation des flux RSS qui diffusent ces informations est expliquée dans le chapitre 8.

Comment puis-je échanger facilement des photos numériques et des documents avec des amis ?

Le plus simple est d'utiliser la messagerie instantanée Windows Live Messenger. Vous pourrez échanger des fichiers, y compris de grande taille, ce qui n'est pas toujours possible avec la messagerie classique. Consultez pour cela le chapitre 6.

Comment puis-je résoudre un problème grâce aux internautes ?

Quel que soit le problème que vous rencontrez, il y a sûrement un internaute qui l'a rencontré avant vous et qui peut vous aider à trouver la solution. Vous pouvez poser vos questions sur un forum ou un chat (consultez le chapitre 7) ou dans un groupe de discussion (consultez le chapitre 10).

J'ai manqué mon émission de télévision ou de radio favorite. Est-il possible de la voir ou de l'écouter via Internet ?

Les chaînes de télévision et de radio proposent de regarder ou d'écouter d'anciennes émissions. Consultez leur site pour vérifier si la vôtre s'y trouve. Le chapitre 3 vous donnera plus de détails.

Est-il vrai que l'on peut gagner de l'argent en surfant sur Internet ?

Vous pouvez accepter de recevoir des messages publicitaires rémunérés ou répondre à des sondages. Vous pouvez aussi vendre facilement des objets d'occasion ou passer par des programmes de fidélité lors de vos achats. Consultez le chapitre 4.

Est-il possible de visiter un site, expédier un courriel ou consulter un dossier sans ouvrir au préalable Internet Explorer, Windows Mail ou l'Explorateur ?

Cela est tout à fait possible en utilisant la barre d'outils Adresse qui s'insère dans la Barre des tâches. Vous trouverez toutes les explications dans le chapitre 11.

Est-il possible de contrôler la navigation de mes enfants sur Internet ?

Windows Vista propose un contrôle parental pour limiter les accès à Internet. Consultez la fin du chapitre 12.

Glossaire

A

ActiveX Programme écrit pour Windows ajoutant de nouvelles fonctionnalités : animations pour le Web, vidéos, certains éléments graphiques, *etc.* Ces programmes peuvent être des virus et endommager irrémédiablement vos fichiers.

ADSL *Asymmetric Digital Subscriber Line*. Connexion à haut débit qui utilise une ligne téléphonique ordinaire tout en permettant de téléphoner quand vous êtes connecté. Le « A » de ADSL signifie en français « asynchrone » : la réception et l'émission s'effectuent à des vitesses différentes.

Antivirus Logiciel qui éradique les virus (*voir* Virus). Windows ne propose pas par défaut d'antivirus. Il est fortement recommandé d'installer un antivirus d'un autre éditeur (Symantec Norton Antivirus, McAfee VirusScan, Kaspersky Antivirus, avast! Antivirus, *etc.*).

AVI *Audio Video Interleaved*. Format de vidéo numérique. Le format de compression est fonction du CODEC utilisé.

B

Barre d'adresse Barre d'outils dans Internet Explorer ou dans la Barre des tâches pour accéder à des pages web ou aux éléments de votre ordinateur.

Barre des liens Barre d'outils correspondant aux liens du menu Favoris d'Internet Explorer.

Blog Un blog, appelé aussi blogue ou joueb (journal web), est un journal ou un carnet de bord d'internaute mis à jour fréquemment. Les blogs ont l'avantage d'être plus simples de mise en œuvre que les sites web avec des pages personnelles.

C

Carnet d'adresses Ensemble de tous vos contacts.

Chat Conversations en temps réel *via* Internet. Contrairement à la messagerie instantanée, vous ne connaissez pas vos interlocuteurs.

CODEC Programme de COmpression et de DÉCompression d'une vidéo. Pour utiliser un DivX, par exemple, vous devez installer le CODEC correspondant.

Compression Réduction de la taille d'un fichier avec un logiciel.

Contact Personne ou société avec laquelle vous êtes en relation *via* le courrier électronique.

Contrôle parental Outil qui limite l'accès à certains programmes et à certains sites Internet en fonction de critères précis.

Cookie Fichier enregistré sur votre disque dur par les sites web que vous consultez. Les cookies contiennent des renseignements à votre sujet, comme la date de votre dernière visite, les pages visitées, les produits que vous avez choisis, *etc.*

Copier-coller Copier une partie d'un document dans le Presse-papiers, puis coller le contenu du Presse-papiers à un autre endroit. Le Presse-papiers étant commun à toutes les applications, vous pouvez échanger des portions de document dans des logiciels différents.

Courriel Adresse pour recevoir des messages. Cette adresse se compose d'un nom d'utilisateur et d'un nom de fournisseur, le tout séparé par le symbole @.

D

Date Windows conserve les dates de création, de modification et d'accès de chaque fichier. Cette date est mise à jour à partir de l'horloge de l'ordinateur. L'horloge de l'ordinateur, elle, est synchronisée *via* Internet.

Dépannage à distance Consiste à laisser le contrôle de votre ordinateur, *via* Internet, à une personne susceptible de trouver des solutions aux problèmes que vous rencontrez.

DivX Format de fichier vidéo. Il permet de compresser un film d'une heure et demie avec une image de bonne qualité pour une taille de 700 Mo (taille d'un CD).

DRM *Digital Rights Management.* Technologie qui protège les fichiers audio contre les copies. Les WMA téléchargés sur les sites de vente sur Internet utilisent cette protection.

E

E-mail *Electronic mail* (*voir* Courriel).

Émoticône (émoticon, *smiley*) Suite de caractères qui indique une émotion. Par exemple, la suite :-) correspond à « heureux » ou à un « sourire ».

F

FAI Fournisseur d'accès à Internet (*provider* en anglais). Pour vous connecter à Internet, vous devez souscrire un abonnement auprès d'un FAI (AOL, Alice, Free, Tele2, Wanadoo, *etc.*).

FAQ *Frequently Asked Questions* ou Foire Aux Questions. Messages, généralement postés par le webmaster (la personne qui gère un groupe de discussion), contenant les questions et les réponses les plus fréquemment posées. Consultez ces messages : ils vous informeront sur l'usage du groupe et vous apporteront rapidement des réponses à vos questions.

Flux RSS Informations en continu diffusées par des sites web : actualités, météo, Bourse, trafic routier, radio, télévision, *etc.* Certains gadgets du Volet Windows utilisent les flux Internet.

Forum Site web permettant de déposer des questions ou de répondre à celles des autres participants.

FTP *File Transfer Protocol.* Protocole de transfert de données utilisé par des sites proposant des fichiers à télécharger.

G

Groupe de discussion (*newsgroup*) Forum de discussion sur des sujets précis. Les groupes de discussion sont des messageries publiques.

H

Historique Liste des pages web visitées récemment. Internet Explorer classe ces pages par jours, semaines et mois.

HTML *HyperText Markup Language*. Langage pour décrire des pages web en ajoutant des possibilités qui n'existent pas dans un texte ordinaire : liens vers d'autres pages ou d'autres sites, insertion de tableaux ou d'images, sons, animations, vidéos, *etc.*

http *HyperText Transfer Protocol.* Protocole utilisé par les pages web sur Internet. Vous pouvez omettre de taper ce code en début d'URL : Internet Explorer se charge de l'ajouter pour vous.

I

Internet Ensemble de réseaux interconnectés à travers le monde. Internet est donc le réseau des réseaux. Lorsque vous vous connectez à Internet, votre ordinateur fait partie de ce réseau.

IP (adresse) Suite de quatre nombres de 0 à 255 qui identifie de manière unique un ordinateur sur Internet. Une adresse IP est donc composée de quatre octets.

L

Lien Chemin d'accès à une page web sur Internet.

Liste de distribution Groupe de contacts sous un seul nom. En utilisant la liste, vous pouvez expédier le même message à l'ensemble des contacts du groupe.

M

Messagerie Logiciel qui permet d'expédier du courrier et des documents à n'importe quelle personne sur la planète, et cela en quelques secondes.

Messagerie instantanée Logiciel qui permet d'expédier en temps réel des messages et des fichiers à vos contacts connectés à Internet.

Messenger Plus! Outils complémentaires qui se greffent sur Live Messenger. Ils sont disponibles sur `www.msgpluslive.fr`.

Mise à jour (*update*) Installation des dernières versions disponibles de Windows (fichiers système) et des applications qui l'accompagnent (Internet Explorer, Windows Mail, Lecteur Windows Media, *etc.*). Ces mises à jour, téléchargées depuis Internet, règlent les problèmes rencontrés par les utilisateurs, et comblent certaines failles de sécurité dans les accès à Internet.

Modem Boîtier externe ou carte interne qui permet de relier l'ordinateur au réseau Internet *via* le téléphone ou à un autre dispositif de communication comme le câble ou l'ADSL.

MP3 *MPEG Audio Layer 3.* Fichiers audio compressés. Un fichier MP3 occupe dix fois moins de place qu'un fichier Wave (format des CD audio). C'est donc le format privilégié des internautes.

MPEG Format de vidéo compressé. Le format MPG-1 est utilisé pour les VCD et le format MPG-2 pour les DVD.

N

Navigateur Logiciel qui permet de lire le contenu des pages disponibles sur le Web (textes, images, sons, vidéos, *etc.*).

Netiquette Règles de politesse à respecter quand vous participez à des groupes de discussion.

P

Page de démarrage Page web affichée immédiatement à l'ouverture d'Internet Explorer. Vous pouvez ainsi prendre aussitôt connaissance des dernières informations, de la météo, des cours de la Bourse ou de tout autre sujet.

Pare-feu Logiciel qui évite que d'autres personnes ne se connectent à votre ordinateur *via* Internet.

Peer-to-peer (P2P) Procédé qui permet d'échanger des fichiers entre deux ordinateurs connectés à Internet.

Pièce jointe Fichier expédié en même temps qu'un message (textes, feuilles de calcul, images, *etc.*).

Podcast Technique de partage de musiques et de vidéos.

Pop-up Petite fenêtre, généralement publicitaire, qui s'ouvre quand vous naviguez sur le Web.

Presse-papiers Zone temporaire dans laquelle est stockée une partie ou l'intégralité d'un document quel que soit son type (texte, image, *etc.*). Vous pouvez à tout moment récupérer le contenu du Presse-papiers pour l'insérer dans un document.

Publier Action consistant à expédier sur un site Internet des données présentes sur votre ordinateur (*voir* Télécharger).

R

RealMedia Format de son et de vidéo en continu : une petite partie du début du film ou du son est téléchargée, puis la lecture commence. La suite du film ou du son est téléchargée en même temps que vous regardez ou écoutez les parties déjà chargées. On appelle cela le *streaming*.

Réseau Ensemble d'ordinateurs reliés entre eux pour échanger des données et partager des ressources (disques durs, imprimantes, *etc.*). Un réseau dans une entreprise est appelé réseau local ou Intranet.

S

Script Fichier contenant des commandes à exécuter sur votre ordinateur. Les scripts peuvent déclencher des virus.

Service pack (SP) Ensemble de logiciels pour mettre à jour Windows. Entre deux versions majeures de Windows, Microsoft met à la disposition des utilisateurs des correctifs sous forme de « service pack ». Ils sont disponibles *via* Internet.

Site web Ordinateur sur le réseau qui propose des informations et des documents à consulter sous forme de pages.

Spam Appelé aussi pourriel. Courrier commercial non désiré posté dans votre messagerie ou dans les groupes de discussion.

Spyware Appelé aussi *trackware*. Logiciel installé généralement à votre insu et qui espionne votre navigation sur Internet dans un but commercial. Bien qu'interdit par la loi « Informatique et liberté », ce type de logiciel se répand de plus en plus.

Streaming Téléchargement et lecture en temps réel d'un flux audio ou vidéo. Une petite partie du son est téléchargée, puis la lecture commence. La suite est téléchargée en même temps que vous écoutez les parties déjà chargées. Les informations sont lues mais pas enregistrées.

T

Télécharger Action consistant à rapatrier sur son ordinateur des données présentes sur Internet (*voir* Publier).

Type des fichiers Chaque fichier a un type particulier. On les différencie par l'extension : les trois lettres qui suivent le nom du fichier (.exe pour une application, .txt pour un document texte, *etc.*).

U

URL *Uniform Resource Locator.* Également appelée adresse ou lien. Chemin qui permet de localiser une page web sur Internet.

V

Virus Programme qui modifie intentionnellement le contenu de votre ordinateur de façon à l'empêcher de fonctionner normalement. Certains virus suppriment vos documents ou les expédient à d'autres personnes par voie de messagerie.

W

Wave Fichier audio non compressé (extension .wav). Il correspond au format des CD audio. Une minute de musique représente 8,8 Mo. Sur Internet, on utilise plutôt le format MP3 pour sa taille réduite.

Webcam Caméra pour converser visuellement avec vos contacts.

Wi-Fi *Wireless Fidelity*. Connexion qui utilise les ondes radio. Ce système permet de relier plusieurs ordinateurs entre eux et à Internet sans utiliser de fil. Cette technologie étant de plus en plus répandue, il est maintenant possible de se connecter à Internet dans les lieux publics (gares, cafés, hôpitaux, *etc.*) avec un ordinateur portable.

Windows Defender Logiciel intégré dans Windows qui supprime les logiciels espions et malveillants. Windows Defender ne remplace pas un antivirus.

Windows Media (lecteur) Application qui lit les fichiers audio et vidéo, mais aussi les CD audio et les DVD.

WMA *Windows Media Audio*. Format de fichier audio compressé proposé par la société Microsoft pour concurrencer le MP3.

World Wide Web ou Web Service sur Internet qui permet de consulter des pages multimédias au format HTML. L'adresse des sites dans ce format commence par les trois lettres www.

Z

Zone de confidentialité Ensemble d'options qui permettent de gérer les cookies.

Zone de sécurité Ensemble d'options qui permettent de choisir les éléments pouvant s'exécuter à l'ouverture d'une page web (contrôles ActiveX, scripts, *etc.*).

Index

E

F

G

H

I